很久以前有一个传说/它在开始之前/就结束了/并且在它/结束后才开始。

——瓦斯科·波帕

战争史研究丛书

塞尔维亚的轮回

近世的南斯拉夫与战争

阎京生 刘怡 著

中国华侨出版社

战争与人

——《战争史研究丛书》序

对战争事务稍有了解的人，都背得出克劳塞维茨《战争论》中的金句："战争是政治通过另一种手段的延续。"倘若我们对照德文原著，就会发现这个说法并不确切。克劳塞维茨的本意是，战争是政治交往"混合以另一种手段"（mit Einmischung anderer Mittel）的继续。它至少包含两层意旨：其一，战争这种存在与政治紧密相连，甚至可以说是最大的政治；其二，战争还包含超然于政治之外的"另一种手段"，它神秘莫测，深入人性的最底层，难于诉诸言说。

无人能确定人类第一场战争发端于何时。它早于农耕文明，早于部落社会，甚至早于"战争"这个概念本身。因此也就不难理解，为何西方传统中第一部长篇叙事诗《伊利亚特》和第一部政治史《伯罗奔尼撒战争史》都是关于战争问题的，而中国春秋战国时的百家中也有"兵家"一门。不朽的希腊人修昔底德还着重指出，战争是一种如此巨大的运动——一种力量和财富的顶峰在其中渐趋消耗殆尽的运动，它的对立面"和平"则是一种静止。

我们应当这样理解这种运动：当一场战争开始后，所有日常生活的规则、范畴、组织和秩序都会退场，由战争本身来充当至高无上的立法者。最惊人的勇气、最可贵的忠诚、最残忍的暴虐、最廉价的牺牲，都会在其中一一展现，并一次次地超越自身。当我们简单地把人视作理性的支配物、视作"文明"的代表者时，战争以最怪异的方式提醒道：还存在着差异如此之大的"另一种手段"，并且不受控制。也正是在这种不受控制的非常态中，我们重新获得对人之可能性的认识，并将其应用到作为

“常态”的和平状态中。无怪乎托尔斯泰要以这样一组二元对立的概念作为他最伟大作品的标题——《战争与和平》。

与这种“可能”相对，我们也从战争中看到了人之“不可能”。精明的战略算计往往为突发的偶然状况所破坏，未来失败的阴影时时隐匿于当下胜利的荣耀中。“祸患积于忽微，智勇困于所溺”；而人们依旧不肯放弃驾驭它的努力。战争如同最宏大的希腊悲剧，在最激烈的碰撞中展现命运之无常，人之伟大与渺小。按照克劳塞维茨的说法，暴力—激情、不确定性—偶然性（“摩擦”）、政治目的—理性规划乃是三位一体的，它们共同构成战争之神的全貌。此时之人则有如亲见耶稣的罗马百夫长，于敬畏中油然叹出：“我亦是权下之人。”

战争是这样一种“可能”与“不可能”的混合体，以至于我们不可能脱离它来理解人类生活的整体。相反，只有对战争事务进行广泛的研读，才能获致关于人类生活的完整知识。孙子曰：“兵者，国之大事，死生之地，存亡之道，不可不察也。故经之以五事，校之以计，而索其情。”

从第一期《战争史研究》面世到现在，已然七年矣。七年前，国内民间军事刊物的开创人陈朴先生为战研厘定了办刊主旨与题材特色，即以历史眼光与人文关怀为出发点，在关涉技术、战史、人物、战略等战争问题诸层次文章的撰述中，增进读者对军事和历史研究的兴趣，尤其要杜绝简单化、片面化的“唯军事论”、“唯武器论”思维。有赖于互联网技术的发展及海量新资讯的流通，特别是海内外民间军事爱好者依托电子社区展开的广泛交流讨论，《战争史研究》在赢得一批忠实读者的同时，自身的办刊质量也不断地再上台阶，跻身于国内有影响力的军事历史类书刊之列。

虑及战争研究在西方史学界尤其是欧洲政治史研究领域的重要性，而我国在这方面的探索尚处于起步阶段，《战争史研究》也将相当一部分注意力放到世界范围内的战争与冲突历史上。针对中国读者兴趣浓厚的近代中日关系及日本海军发展史，战研推出了“明治以来的日本与日本海军”系列连载，详尽地叙述旧日本海军的装备、战略、其与国家政治的关系及兴衰演化的全过程，反响热烈。而由战研首创的“近世的小国与战争”专题文章，围绕近两个世纪以来冲突多发的敏感国家与地区（如南斯拉夫、伊朗、以色列等），从军事视角检视这些地区的历史变迁，纵论与之相关的内政、外交、经济、民族、宗教等诸种要素，在增进读者阅读趣味、开阔历史眼界的同时，也使人推古及今，获致“穷存亡之际，通兴衰之变”的功效。

《战争史研究丛书》，精选《战争史研究》创刊七年来较有代表性的文章及专题，依内容的不同编为七卷：三种小国战争专题及《塞尔维亚的轮回》是战研“近世的小国与战争”系列文章的精选，从巴尔干、波斯湾讲到东北亚、南美洲，其中“近世的泰国与战争”、“近世的海地与战争”等章节为国内首次刊载。《欧洲最危险的男人们》是近世欧洲几位传奇军人的传记，国内读者耳熟但未必能详的“阿拉伯的劳伦斯”、法国海军上将达尔朗等均列入其中。《被遗忘的较量》属于“历史群像”系列，对纳粹黄金、原子弹发明、1944年华沙起义等军事史上极富传奇性但又疑窦重重的事件做了详尽的叙述和分析。《武神与将军》则是国内第一部专门的“二战”时期德国内部抵抗运动史。阅读过这一百余万字的选文后，相信读者会对历史上的战争有一番全新的观感。

就我个人而言，《战争史研究》远不仅是一份刊物，更是一种感情。在它初生之时，我是它的读者，如同许多热心国防问题、贪婪地找寻一切相关书籍来阅读的年轻人一样，翘首期待着每一期杂志。也因为它在高三的艰难岁月中带来的慰藉，我报考大学时选择了国际政治系，以更多的精力和热情投入对战争事务的关注。嗣后蒙前辈章骞先生引荐，得以拜会阎京生兄，开始为战研撰文，最初为撰稿人之一，而后为主笔、副主编。四五年间，参与了全部三十余册刊物中超过半数的编撰工作，得偿夙心往志。放翁云，纸上得来终觉浅，年轻时经历过从爱者到任事者的渐变，体味过数年焚膏继晷撰稿的艰辛，感慨过历史缪斯克利俄（Clio）质朴而庄严的魅力，对世事与人生自会有不寻常的观感。

我们生活在广义的和平时代。上一次世界大战已是六十余年前的旧闻，发达的传媒则将伊拉克、巴勒斯坦、阿富汗以及撒哈拉以南非洲日常发生的一切包装为可资猎奇的肥皂剧。似乎和平本属天经地义，战争倒是不多见的病态。然而我们终究无法否认，当今世界的绝大部分国家是经由流血的独立造就的，同样由战争塑造的还有现存的国界及版图。在人类标榜“科学”与“理性”的时代来临后，战争的残酷性反而显得愈加突出，造成的破坏也更为恐怖。而尽管经历了严重的经济衰退，最近六年国际军火贸易总额却仍在直线上升。人类陆续征服过天花、结核病与脊髓灰质炎，但在可见的岁月里，我们仍必须适应在一个时时有战争的世界上生存——这便是阅读与思考战争的起因。

我不敢说呈现在读者面前的这套小书足以使人“得到关于过去的正确知识，借以预见未来”（《伯罗奔尼撒战争史》Ⅰ.22）。它仅仅是一种助产术，旨在唤起关于正见的思索，以便让人更好地面对生活，面对作为持剑武士与和平召唤者双重角色的人类自身。在此，我愿以美国历史学家塞缪尔·莫里森在14卷《第二次世界大战美国海战史》中的结语为本序作结：

“如果说对日战争的胜利除却变更了国际均势外还有些别的内涵的话，那便是始自希腊的永恒价值与恒常道德的复归。这些信条常遭折损，当人们为生存拼杀时，往往对其视而不见。但人类终将复归于斯，且诚然复归于斯，以期安享造物主之伟大馈赠——生命、自由与追求幸福之权。”

刘怡

2010年春　于西坝河

目录 CONTENTS

多头国家的诞生

古代到近代的南斯拉夫

南部斯拉夫人的历史，是以迁移到巴尔干半岛为起点的。他们的早期历史难以考证，只能推测是匈奴人和其他亚洲部落向欧洲迁移的洪流，把原始斯拉夫人卷离了他们的“祖籍”——介于第聂伯河和普里皮亚特大沼泽之间的那片地区。公元5世纪前后，部分斯拉夫人涌向多瑙河下游以北的平原地区，直抵罗马帝国的边境防御体系，才停留下来。

这些南部斯拉夫人目睹了罗马帝国晚年的最后辉煌时期，并同希腊化的东罗马帝国产生了千丝万缕的联系。从公元6世纪开始，这些人经常伙同来自附近黑海地区的游牧部落，不断地突破东罗马帝国设防牢固的边界，长驱直入，进犯其内地，有时甚至打到君士坦丁堡和萨洛尼卡的城下。东罗马历史学家普罗科庇乌斯曾毛骨悚然地记述道：“他们杀死或奴役出现在他们前进道路上的人，不论年轻人还是老人。”不过，这类进犯虽然一度频繁，但并未造成大规模的移居，斯拉夫人及其盟友总是带着战利品撤回多瑙河彼岸。

斯拉夫人这种小打小闹的打劫生涯持续了一个世纪之久。他们人数众多，但很分散，组织也很脆弱，缺少能够联合多数部落的强有力政权，因此总是处于被更野蛮的游牧民族暂时征服的境地，或者作为更强悍的阿瓦尔帝国的附庸。阿瓦尔人在中国史书中被称为柔然人。公元6世纪30年代，一场突然席卷全球的异常气候导致阿瓦尔人的马匹大量死亡，他们的实力大为削弱。原为阿瓦尔人臣属民族的突厥人（其经济比单纯依赖马群为生的阿瓦尔人更加多样化）起来造反，成千上万的阿瓦尔人被屠杀。剩下来的人卷起他们的毛毡帐篷，赶着幸存的牛羊和马匹向西迁移，在大约30年后进入乌克兰平原，并且征服了那里的斯拉夫人。这股阿瓦尔洪流裹挟着斯拉夫人继续向西进发，消灭了居住在今匈牙利一带的盖庇德人，随后遇到了居住在今捷克和斯洛伐克一带、属于日耳曼族的伦巴人。这些伦巴人亲眼目睹了盖庇德人的命运，认为正确的判断力远比英勇作战重要得多，于是举族抛弃故土，侵入了东罗马帝国统治下的意大利，建立了伦巴底王国。

在经济和社会方面，阿瓦尔人与斯拉夫人或者其他的欧洲民族完全不同。他们具备创建帝国的经验与天资，在其利剑所过之处，其隶属民族（主要为斯拉夫人）立刻如潮水般涌入。当阿瓦尔人在多瑙河中下游同东罗马帝国进行连绵不断的战事时，南部斯拉夫人的大多数部落悄悄地向西转移，翻越阿尔卑斯山东麓，未经战斗便进入东罗马帝国的西部领土，甚至一度深入北意大利平原。

到公元586年，阿瓦尔人已经在欧洲建立了一个新帝国。这个帝国给人印象之深刻，恰如两代人之前他们在万里之外的蒙古草原统治过的那个帝国。这个帝国面积达250万平方公里，覆盖了今匈牙利、罗马尼亚、德国、捷克、斯洛伐克、波兰以及乌克兰的广大地域，东抵伏尔加河，南接东罗马帝国的多瑙河边境。东罗马帝国是阿瓦尔帝国的奶牛，斯拉夫人则是使这个帝国赖以运作的主要傀儡。在半个世纪中，东罗马帝国被迫向阿瓦尔帝国纳贡，阿瓦尔人从中净赚了至少7万磅的黄金。为了向阿瓦尔人支付巨额贡款，查士丁尼王朝末代皇帝莫里斯（582～602年在位）几乎榨干了自己的国库。公元6世纪后期肆虐欧洲的几场瘟疫又使得东罗马帝国人口锐减，莫里斯皇帝为此不得不设法开源节流，抽调士兵用于耕种，宣布今后军队获得的战利品大部分收归皇室，并拒绝付赎金赎回被俘的军人。

公元7世纪初，出现了一个转折点。602年11月，在多瑙河彼岸出征的东罗马士兵们愤懑地发现，他们必须在敌对的斯拉夫人土地上过冬，因此发动兵变，拥护冷酷残暴的百人队长福卡斯·尼斯弗鲁斯为帝，簇拥着他返回君士坦丁堡即位（福卡斯杀死了精明强干的莫里斯，并把皇族诛杀殆尽）。作为对君士坦丁堡政权动荡的直接反应，波斯人在603年如秃鹰般扑食了积弱的东罗马帝国。福卡斯被迫将与阿瓦尔人和斯拉夫人对峙的前线部队调往新的波斯前线，此后东罗马帝国的西部国境完全向斯拉夫人洞开。

事实上，东罗马帝国那时已经完全无法阻挡斯拉夫人的洪流。他们不受阻碍地长驱直入，淹没了整个巴尔干半岛。在几年时间内，斯拉夫人不仅占领了整个亚得里亚海岸，而且直捣爱琴海边巨大的帝国要塞城市——萨洛尼卡。大约在公元625年左右，斯拉夫人更进一步南下，一直打到伯罗奔尼撒半岛的最南端，甚至乘船攻打爱琴海各岛屿。

在斯拉夫人入侵的洪流下，东罗马帝国巴尔干各行省的居民纷纷从受到袭击的地方夺路而逃，寻找藏身之地。这些居民不可能全部迁入设防较好的大城市，许多贫苦的人只好躲藏到斯拉夫人进军时有意避开的深山丛林和偏僻山区。因此，在巴尔干半岛的偏僻山区，留下了许多由古代拜占廷土著臣民——伊利里亚人组成的“孤岛”。他们同东罗马帝国和文明世界的一切联系都被斯拉夫人切断了，从事畜牧业以维持简单的生存，从此在历史文献的记载中消失。直到许多个世纪之后，这些伊利里亚人的后代才以“瓦拉几人”、“罗马尼亚人”和“阿尔巴尼亚人”的面目重新出现。

定居在巴尔干半岛上的斯拉夫人属于不同的部族，大多数以他们定居的地方命名。比如斯特鲁姆人（定居在斯特鲁马河流域）、蒂莫克人（定居在蒂莫克河流域）、奈雷特人（定居在奈雷特瓦河流域）、卡林西亚人等。他们被拜占廷帝国的统治者统称为“斯克拉维尼亚人”，或者“斯洛维尼亚人”，而“斯克拉维尼亚”就是“斯拉夫人的国度”的意思。

到7世纪中叶，巴尔干半岛的民族分布图仍然没有确定下来，因为在东欧地区又掀起了新的移民浪潮。这一次，成群结队的斯拉夫人离开多瑙河中游，涌向巴尔干半岛。这些人后来成为塞尔维亚人的祖先。按照学识渊博的拜占廷皇帝君士坦丁七世根据古斯拉夫人文献整理出来的著作记载，这些斯拉夫人的一支向爱琴海进发，一直抵达萨洛尼卡附近的地区。他们给自己居住的地方取名为塞尔维亚。但是塞尔维亚人并不喜欢这个地方，决定返回故地。他们渡过多瑙河后又改变了主意，向拜占廷皇帝索取其他的领土，以便定居。这一次他们选择了德里纳河和莫拉瓦河之间的一块土地。以不同的部族首领“茹潘”（古代塞尔维亚和克罗地亚各公国统治者的称呼）为核心，出现了最早的塞尔维亚王公国家（茹帕）。

另一部分斯拉夫人则向亚得里亚海的方向进发，在同阿瓦尔人进行斗争后，夺得了达尔马提亚内陆的一块地方，位于采蒂纳河和韦莱比特山之间。这一小块领土成为克罗地亚人的民族核心地区。在这个中心之外，克罗地亚人还广泛分布在从阿尔卑斯山到伯罗奔尼撒半岛的广大区域内。

796～803年间，法兰克帝国的查理曼大帝对阿瓦尔汗国发动了毁灭性的打击，斯拉夫人永久地摆脱了阿瓦尔人的统治。根据812年法兰克帝国和拜占廷帝国的和约，克罗地亚人的领土属于法兰克帝国。他们分为几个公国，由克罗地亚王公统治，承认查理曼大帝的最高权力。

南下定居的斯拉夫人处在法兰克帝国和拜占廷帝国的夹缝之中。在结构和文明方面，法兰克和拜占廷这两个中世纪的帝国存在着本质差别。法兰克帝国（以及沿海的威尼斯势

尼满雅王朝开国君主斯蒂芬。他在1196年退位，隐居到修道院中。

力）将斯洛文尼亚人和克罗地亚人吸引到拉丁语和西方基督教的文化范围中来：东部的塞尔维亚人则从东罗马帝国汲取希腊文化和东正教的营养。这样，两部分南斯拉夫人被引上了截然不同的发展道路。

塞尔维亚人的历史

塞尔维亚人进入巴尔干半岛之后5个世纪的历史，主要是不同的“茹潘”之间的斗争史。这些大大小小的王公国彼此攻伐，有时一个强大的茹潘吞并各个弱邻，自称“大茹潘”。但这种吞并总是继之以分裂和重新组合。

7世纪中叶，突厥化的保加尔人来到巴尔干半岛，不久之后，就对最东边的几个塞尔维亚茹潘国产生了威胁。此后2个世纪间，塞尔维亚人不是以保加利亚统治者为宗主，就是以拜占廷皇帝为宗主。到9世纪，整个塞尔维亚民族已经信仰了东正教。

公元9世纪末，沙皇西美昂一世（893～927年在位）统治之下的保加利亚第一帝国日益强大，塞尔维亚成了其扩张政策的牺牲品。但是在他死后，继任的沙皇却丧失了保加利亚人征服的大部分土地，其中一部分落入拜占廷帝国之手，另一部分则转归于和拜占廷联合行动的若干塞尔维亚王公。

下一个世纪的塞尔维亚历史，乃是各个茹潘争夺领导权的内战史。塞尔维亚各茹潘国激烈冲突，致使其大受破坏，人口锐减。大体来说，塞尔维亚人被分为两大政治集团：东部集团以拉什卡为中心，它暴露于拜占廷军团的锋芒之下，不久就丧失了独立；西部集团包括今日的黑塞哥维那和黑山地区，以泽塔为中心，这里的地形较难进入。到

11世纪中叶，他们在沃伊斯拉夫大公的领导下团结起来。在1077年，教皇格利高里七世册封沃伊斯拉夫的儿子米哈伊洛为塞尔维亚国王。

米哈伊洛的儿子博丁死后不久，这个古代的塞尔维亚王国就因内战而告分裂。到12世纪，主要的政治中心转移到拉什卡。1169年，一个叫斯蒂芬·尼满雅的人成为拉什卡的大茹潘。1180年，拜占廷皇帝曼努埃尔一世去世，接着在君士坦丁堡发生一场继位之争。斯蒂芬·尼满雅借机摆脱拜占廷帝国的宗主权，开始对外扩张领土。他和他的后代建立起了一个统治塞尔维亚达200多年的王朝，其疆界向南一直推进到都拉斯。在北方，塞尔维亚人试图将疆界推进到萨瓦河和多瑙河一线，但总是难以战胜匈牙利人，后者控制着两河以南相当大的一片土地。尼满雅王朝也没能将同族的波斯尼亚人并入自己的王国，反而在和波斯尼亚的战争中丧失了胡姆公国。

1331年，雄才大略的斯蒂芬·杜尚继承了塞尔维亚王位。他在1334年、1341年和1347年对摇摇欲坠的拜占廷帝国发动了三次攻击，占领了阿尔巴尼亚、马其顿、帖撒利亚（今希腊北部）和伊庇鲁斯（希腊西北部），其领土一直推进到亚得里亚海、爱奥尼亚海和爱琴海三海之滨。1346年复活节，斯蒂芬·杜尚在斯科普里举行盛大的加冕典礼，被塞尔维亚总主教（刚由大主教提升而来，以便与君士坦丁堡的东正教总主教分庭抗礼）加冕为“塞尔维亚人和希腊人的皇帝”。这个称号不久之后又变成了“塞尔维亚人、希腊人、保加利亚人和阿尔巴尼亚人的皇帝和极权君主”——保加利亚在1330年战败（斯蒂芬·杜尚曾经参与此役）后，已经成为塞尔维亚的附属国。到1349年，大塞尔维亚帝国的南部边界已经推进到希腊的科林斯湾。

为了对抗塞尔维亚人的进攻，拜占廷皇帝在1345年和1349年两度向定居于小亚细亚的奥斯曼土耳其人求援，请他们组成雇用兵进入自己的领土。后来的事实证明这是一种饮鸩止渴的策略。当奥斯曼人于1353年再次应邀前来时，他们就在加里波利挖沟筑垒，盘踞不去。此时，巴尔干各族人民已经开始明显地感觉到土耳其人的威胁。斯蒂芬·杜尚既希望一举征服君士坦丁堡、加冕为东罗马皇帝，又希望能够遏制土耳其人入侵欧洲。他与威尼斯和罗马教廷谈判，试图争取援助，却在1355年突然患热病去世，终年46岁。这正是欧洲历史上的危急关头。杜尚死在土耳其人在欧洲取得其永久性立足点之时。

尼满雅王朝第二代君主、“第一位加冕者”斯蒂芬加冕时的场景。

斯蒂芬·杜尚一死，骚动和叛乱接踵而至。他的独生子斯蒂芬·乌罗什继承了帝位。他的弟弟西美昂·乌罗什则割据了帖撒利亚；伊庇鲁斯则被阿尔巴尼亚和塞尔维亚的一些土豪家族瓜分，马其顿也落入地方豪强之手。在西边的泽塔，巴尔沙家族宣告独立，建立了黑山王国，最后还有一个贵族王公拉扎尔，统治着北部的莫拉瓦河流域。

这种分崩离析的情况正好发生在一个最不幸的时刻。土耳其人在加里波利站稳脚跟后，立刻开始施行“入侵欧洲”的计划。1360年，亚德里安堡被攻占。色雷斯的大部和保加利亚不久也相继陷落。塞尔维亚诸王公暂时抛弃了私仇，联手抵御土耳其人，却于1371年在马里乍河的切尔门村彻底战败。几个月后，尼满雅王朝末代国王斯蒂芬·乌罗什去世。

1. 斯蒂芬·杜尚（1331~1355年在位）。

2. 1389年的科索沃战役。

之后10年里，土耳其人逐步占领了马其顿，那里的20多个塞尔维亚王公小国都成了奥斯曼苏丹的臣属，只保留了有名无实的统治者地位。此后，塞尔维亚的全部希望就寄托在北方的王公拉扎尔身上了。在波斯尼亚国王特弗尔特科的帮助下，他组成“泛塞尔维亚联盟”来保卫巴尔干半岛。1389年6月15日，基督教联军在科索沃平原与奥斯曼军队展开决战。

科索沃战役的具体地点是位于普里什蒂纳和拉布之间的黑鸟坪。“科索沃”在塞尔维亚语里的意思是“黑鸟”，学名叫黑鸫。参战的土军有2.7万人（推测数字，估算最高的资料称土军有4万人）。根据推测，基督教联军的兵力则为1.2万人到3万人不等，包括波斯尼亚人、克罗地亚人、保加利亚人和匈牙利人，但主力还是拉扎尔大公统领的塞尔维亚人。战斗一开始，塞尔维亚骑兵排列成V字形，向土军发动冲击。他们冲破了土军的左翼，但是中路和右翼却被奥斯曼弓箭兵所击退。接着土军发动反攻。也有史料说，塞军将领武克·布兰科维奇带着自己的1.2万人马撤离了战场，据说这是和土耳其人事先谈好的条件，后者将协助他获得塞尔维亚的王位。这时，拉扎尔的女婿米洛什·奥比利奇假意投降。他被领进苏丹的御帐，在下跪时用一柄短剑将年已七旬的穆拉德苏丹刺死。米洛什立即被一拥而上的卫士砍死。

土军中的混乱很快便被平息，穆拉德的儿子巴扎耶德接掌指挥权，利用布兰科维奇撤走的机会发动进攻，并取得了胜利。拉扎尔被俘，随后被杀害。拉扎尔的遗孀以幼子的名义同意向奥斯曼进贡，并提供兵源。布兰科维奇虽然保存了自己的士兵，但在3年之后也不得不在巨大的压力下把斯科普里城交给土耳其人，并承担进贡的义务。

科索沃战役中，塞尔维亚贵族之花全部凋零，早已残破的塞尔维亚帝国从此一蹶不

振。这场灾难给后世留下了深刻的印象。许多塞尔维亚王公的不幸败北和英雄事迹激动人心，成为欧洲一些最著名的叙事诗的主题。

但是，塞尔维亚并未在科索沃战役之后马上灭亡，一个版图缩小了的塞尔维亚公国继续统治了70多年，直到土耳其人最终灭亡了拜占廷帝国为止。1459年，即君士坦丁堡陷落之后六年，最后一个塞尔维亚要塞——斯梅德雷沃被奥斯曼军队攻克，塞尔维亚争取独立的最后希望也随之破灭。西边波斯尼亚的塞尔维亚人不久也将面临同样的命运。除了黑山这个小小的避难所之外，塞尔维亚民族丧失他们的自由达350年之久。

塞尔维亚被征服之后，虽然处于土耳其人的统治之下，但土耳其人一直未能彻底压服塞尔维亚人，就像他们一直未能彻底压服保加利亚人那样。和保加利亚比起来，塞尔维亚人所处的地区更加边远，分布面积也更大。他们总是从南方独立的黑山人作出的榜样中受到鼓舞。此外，塞尔维亚是个山国，给奥斯曼的直接统治带来了种种困难。许多偏远的山村和深山林寨成为民间武装组织的老巢。

不过，大量的塞尔维亚人仍然背乡离国，他们迁移到波斯尼亚、达尔马提亚和黑

1. 拉扎尔大公。

2. 科索沃战役纪念碑。

山，更多的人迁移到匈牙利南部的潘诺尼亚平原，这里是东南欧最肥沃的农业地区。1483年，匈牙利国王马提亚斯在给罗马教皇的信中说，4年之内有20万塞尔维亚人在他的国家南部定居。1540年，奥斯曼帝国征服匈牙利之后，这个国家南部的匈牙利居民差不多全部消失——留下来的居民几乎全部变成了塞尔维亚人。

留在土耳其统治下的塞尔维亚人，生活虽然受到压迫，但并非不可忍受，因为奥斯曼帝国统治的最恶劣的特色，乃是在19世纪其欧洲领土开始缩小后才发生的事情。在土耳其人征服的初期，无论是在地方行政上还是在宗教上，都留给塞尔维亚人充分的自由。

在新的帝国政权之下，所有的土地都属于奥斯曼苏丹。一些奥斯曼将领贵族成为地主，他们接受了赏赐的土地，但是几乎无法将它转移给自己的子女，所以永远无法形成盘踞一地的世袭贵族阶级。他们从农民那里收租，但是从来无法拥有农民的人身自由，仅有向他们征收农产品的权力。只有在多瑙河南岸和波斯尼亚地区，由于奥斯曼的统治比较间接，当地的塞尔维亚地主阶级才存活下来。也因为如此，到20世纪，那里的农民

②

竟是东南欧受剥削最严重的。除了此地之外，土耳其统治下的斯拉夫农民获得了东普鲁士、俄罗斯和匈牙利农奴都没有的行动自由。几个世纪之后，包括塞尔维亚在内的巴尔干国家纷纷重新获得独立后，建立了没有大贵族特权统治的“农民民主政体”，跟欧洲其他国家的君主制或民主制政体完全不同。

17世纪下半叶，奥斯曼帝国已经明显地呈现出一派衰败的气象。1664年，奥地利的蒙特库梭利将军在拉布河战胜土军，这是基督教国家在陆上战争中对奥斯曼帝国获得的首次重大胜利。1683年，已经攻至维也纳郊区的土耳其人被欧根亲王击退；1686～1687年，匈牙利的绝大部分国土被基督教军队重新夺回；1688年，贝尔格莱德光复。奥地利人乘胜南下，一度兵临科索沃这一曾经决定生死的古战场，其前锋直扫斯科普里。

但是最后，奥地利人退过了多瑙河。根据1699年的《卡尔洛维茨条约》，虽然奥地利取得了匈牙利、克罗地亚和斯拉沃尼亚，但塞尔维亚本身却依然在土耳其人的统治之下。

奥军撤退后，塞尔维亚人便面临土耳其人的残酷报复。1691年，塞尔维亚人大批北

1. 1691年塞尔维亚人的大迁徙，这次迁徙的目的是逃避土耳其人。迁移人口在3万到4万户之间。

2. 贝尔格莱德的卡拉梅格丹要塞。

①

迁，渡过多瑙河，来到伏伊伏丁那定居，和前几个世纪里北上的塞尔维亚人住在一起。他们离开佩奇、普里兹伦（都在今天的科索沃）等地区后，阿尔巴尼亚的人们便向北方和东方迁移，来到这些自从7世纪以来便属于塞尔维亚人、而如今已无人居住的地方。

1715年，土耳其与奥地利之间再度处于战争状态，欧根亲王大获全胜。1718年，土耳其向奥地利割让巴纳特、瓦拉几亚的西部以及萨瓦河–多瑙河以南的一大块长条领土，这样，终于有一部分塞尔维亚领土从土耳其人的统治下获得了解放。但是，在新的天主教主子统治下，信奉东正教的塞尔维亚人日子过得很难受，大批塞尔维亚人从这里南迁到土耳其人控制的地区。1738年，奥土战争再度爆发时，塞尔维亚人已经不愿意为奥地利人提供任何帮助了。1739年，奥地利被迫归还西瓦拉几亚和北塞尔维亚，哈布斯堡王朝从此再也未能染指莫拉瓦河谷和贝尔格莱德。

18世纪中叶以后，塞尔维亚成为奥斯曼帝国重要的边疆省份。在贝尔格莱德有一支禁军部队驻守——这些原先的精锐部队如今已经成了统治者的心腹大患，历代奥斯曼统治者无法将其彻底铲除，只好把他们打发到边远省份，尤其是塞尔维亚。随着奥斯曼中央政权的削弱，禁军变得越来越无法无天。他们不尊重贝尔格莱德帕夏，连帝国的法律也无法保护基督教农民不受禁军士兵的勒索虐待。一度富饶的莫拉瓦河谷变得莽林丛生，农民们背井离乡，荒废耕作。他们那可怜的家当是禁军掠夺的对象，想抢就抢。

塞尔维亚人的穷困，与多瑙河对岸伏伊伏丁那同胞的富庶形成了鲜明的对比。后者

在土耳其人留下的无人土地上进行了精心的开拓，排除了沼泽积水，兴修道路桥梁，大量其他民族的移民——除了匈牙利人外，甚至连来自莱茵河谷的日耳曼人——也被吸引到这个地方。匈牙利南部的贸易掌握在塞尔维亚人的手里，从而产生了一个强大的中产阶级，他们以金钱和武器支援南方同胞的斗争。此外，伏伊伏丁那还成了塞尔维亚人的文化和教育中心，以致后人这样评价："留在塞尔维亚本土的塞尔维亚人之所以没有灰心绝望，全靠黑山的塞尔维亚人；他们之所以没有变得愚昧无知，也全靠伏伊伏丁那的塞尔维亚人。"

18世纪晚期，一个新的因素开始影响塞尔维亚民族的命运：作为彼得大帝对外扩张政策的继承者，俄国的统治者开始插手巴尔干事务。1782年，约瑟夫二世和叶卡捷琳娜二世秘密达成瓜分巴尔干半岛的协议：奥地利将获得波斯尼亚、黑塞哥维那、黑山和一部分塞尔维亚；半岛的其余地方则划归俄国势力范围，其中一部分直接置于俄国统治之下；另一部分则恢复为拜占廷帝国的形式，以君士坦丁堡为首都，由叶卡捷琳娜的孙子君士坦丁统治。威尼斯共和国把达尔马提亚转让给奥地利，以获得克里特和塞浦路斯作为补偿。

❶

1787年，以奥斯曼帝国为一方，俄奥两国为另一方，爆发了战争，塞尔维亚北部也爆发了起义。奥斯曼帝国眼看覆灭在即，由于英法的干涉才幸免于难。根据战后的条约，塞尔维亚人只获得了一纸大赦令和某些公民权。这次战争之后，土耳其当局执行怀柔政策，禁军被从贝尔格莱德逐出，但他们不久便卷土重来。土耳其帕夏经过一场混战才把禁军打压下去。不久后，禁军又重整旗鼓，塞尔维亚人担心遭到大屠杀，于是在1804年发动起义——为了反对已不受约束的土耳其禁军。

俄奥两个大国未能完成的事业，如今要由塞尔维亚人自己来完成了。

第一次塞尔维亚起义从1804年延续到1813年，其事迹是一首史诗，其领袖叫乔治·彼得罗维奇，人称“卡拉乔治”。

在起义的策略方面，卡拉乔治是一个多世纪后的铁托将军的样板。他把各个游击队连成一气，向土耳其禁军发动一连串协调的攻击，并且大获全胜。1805年，卡拉乔治召集国民议会，向君士坦丁堡提出若干建议，其实质是要求实现地方自治，结果遭到拒绝。于是，反抗土耳其禁军的抗暴斗争变为反抗土耳其的独立战争。许多北方塞尔维亚人也离开伏伊伏丁那，参加了这场斗争。

1806年11月，贝尔格莱德要塞向起义军投降。翌年6月，最后一座土耳其要塞乌日策也宣告投降。但是在1808～1811年间，局势开始混乱：由于受到拿破仑入侵的威胁，俄国和土耳其签订条约，放弃了对塞尔维亚的支持。俄国军队调离北上之后，土耳其人得以调集大军进行反攻。此时，经过几年的自治生活，塞尔维亚农民的幻想已经破灭：他们在城里受到奸商盘剥，在乡下受到军阀的勒索，已经失去了以游击战继续抵抗的意志。1813年10月，土耳其人再度成为贝尔格莱德的主人，卡拉乔治和其他大约4.4万名塞尔维亚人逃亡到伏伊伏丁那。许多人逃亡到山上。无数塞尔维亚妇女被土耳其人带到奴隶市场上出卖，他们的父亲、兄弟、丈夫和儿子则在城门前受刑。

18个月后，1815年春天，塞尔维亚再度爆发起义，这次的领导人是米洛什·奥布雷

1. 乔治·彼得罗维奇，卡拉乔治维奇王朝的始祖。其绰号“黑乔治”是形容他脾气暴躁。

2. 米洛什·奥布雷诺维奇。

诺维奇。尽管他比卡拉乔治年轻20多岁，但远比后者狡猾。他把自己的结拜兄弟带到安全场所，然后宣布重新开启新的对抗土耳其人的战争。

米洛什·奥布雷诺维奇的军事策略是侧翼包抄：土军主力向他的驻地慢吞吞地开来的时候，他的部队沿着山间小路直趋全未设防的城市，相继攻克了鲁德尼克、恰恰克、克拉列沃等城市。等到北塞尔维亚已掌握在他手中，奥布雷诺维奇就立即寻求订立协定。此时拿破仑已经彻底失败，俄国的地位得到加强，因此土耳其人不得不做出让步。多瑙河以南的塞尔维亚人获得了相当大的自治权，可以组建自己的军队，自己征收赋税，并在贝尔格莱德设立斯库普什丁纳（国民议会）。另一方面，土耳其帕夏和一支卫戍部队仍然驻扎在贝尔格莱德的卡拉梅格丹城堡里。1817年11月，奥布雷诺维奇被斯库普什丁纳推举为“世袭的塞尔维亚大公”。

就这样，经过300多年的土耳其统治和无数次起义后，近代的塞尔维亚国家终于复活了。虽然它尚未完全独立，但至少成了一个自治公国，国家虽小，但不失为一个起点。

米洛什·奥布雷诺维奇是一个有着治国才能的统治者。他鼓励商业，改组军队，开办学校，修筑道路。他拒绝把土地分封给臣属，以避免产生巨大的封建庄园，从而使塞尔维亚保持为一个以小自耕农为经济主体的农民国家。但是，奥布雷诺维奇对本国的政敌也毫不留情。1817年，卡拉乔治从伏伊伏丁那返回塞尔维亚，旋即在可疑的情况下被人谋杀（据称他在1809年毒杀了奥布雷诺维奇的同父异母兄弟）。这导致他的家族和奥

1. 米哈伊洛·奥布雷诺维奇。

2. 贝尔格莱德共和国广场上的米哈伊洛·奥布雷诺维奇塑像。

1

布雷诺维奇家族从此结成世仇。

新生的塞尔维亚困难重重发生了好几次叛乱。筹划这个新国家的开支又使这个国家的许多臣民感到不满。鉴于困难与日俱增，米洛什在1838年让位给儿子米兰，然后隐居到罗马尼亚的庄园里。米兰身患重病，一个月后即去世，根本不知道他已经成为塞尔维亚的大公。他的弟弟——16岁的米哈伊洛随即继位。

但是米哈伊洛的大公爵位没有被承认，增税又引起了人民的不满。1842年，年轻的米哈伊洛被国民议会废黜，卡拉乔治的儿子亚历山大被选为新的大公。1859年，他也被国民议会废黜，79岁的米洛什·奥布雷诺维奇在一片欢腾声中被迎接回国，恢复了奥布雷诺维奇王朝。但是他只多活了一年，他的儿子、一度被废黜的米哈伊洛再度继位。

在被废黜期间，米哈伊洛游历了一系列西欧国家的首都，增长了自己的见识。在他的8年统治（1860～1868）期间，近代塞尔维亚的国家得到了发展。他建立了一支善于作战、装备精良的军队，在克拉古耶瓦茨建立了塞尔维亚王家兵工厂，并且在1867年迫使土耳其驻军撤出贝尔格莱德和其他要塞，土耳其卫戍部队的财产被变卖。他还修改宪法，制定了选举法，建立了一套正规的司法系统，对行政管理也作出革新。这些成就使他成为塞尔维亚人的英雄，却反而使他的政敌——卡拉乔治维奇王朝的那些拥戴者——对他更加仇恨。1868年6月10日，米哈伊洛在贝尔格莱德城郊的托佩多御园散步时遇刺，这个玷污塞尔维亚历史的疑案至今仍是不解之谜。不论凶手是谁，他没有为卡拉乔治维奇家族带来任

何好处，因为国民议会选举米哈伊洛14岁的堂弟米兰·奥布雷诺维奇为新任大公。

米兰在即位4年后宣告成年，但他感兴趣的不是在贝尔格莱德执政，而是在维也纳和巴黎寻欢作乐。1876年，社会舆论迫使他对土耳其宣战，以支援波斯尼亚的人民起义。6月30日，米兰终于和黑山的尼基塔大公一道对土耳其宣战。贝尔格莱德街头的游行群众冲进卡拉梅格丹要塞，扯下了新月旗——根据一条古怪的国际条约的内容，在土耳其军队撤离这里9年之后，其国旗仍然飘扬在这座要塞的上空——这个场景令擅长画爱国油画的塞尔维亚画家们喜不自胜，但其结果却是灾难性的：指挥塞尔维亚军队的俄国将军切尔尼耶夫一心想把自己装扮成塞尔维亚民族的加里波第，对战略和战术全然不顾，土耳其人连战连捷。全靠俄国在外交上进行干预，塞尔维亚才幸免于难。当年11月，难得公开演讲的沙皇亚历山大二世在莫斯科发表了一通言论，严厉谴责塞尔维亚人，大力赞扬黑山人。

由于土耳其人迟迟不履行实施国内改革的诺言，俄国在1877年4月对土耳其宣战。在

次年的柏林会议上，塞尔维亚从土耳其手里获得了一块不小的土地，它的独立也得到列强的承认。

为了让新获得的独立地位锦上添花，塞尔维亚在1882年宣布为王国。这一新的尊贵身份并未能使米兰的政治智慧有所增长，他的私生活的种种丑闻在社会上广为流传。国会中有一个党派表示，还不如拥戴卡拉乔治维奇家族的成员为王；另一个党派则拥护黑山的尼古拉大公（他在俄土战争中奋勇抵抗土耳其人，赢得了声誉）。

由于国内局势动荡，米兰竟然投向了企图把塞尔维亚变为附庸的奥匈帝国，来寻求支持。他把塞尔维亚的贸易完全置于奥匈的摆布下，还同意在与任何国家签订条约前先与奥地利磋商。米兰还同意压制波斯尼亚境内的塞尔维亚民族主义运动，以换取奥匈支持塞尔维亚对马其顿的领土要求。

1885年，保加利亚与土耳其的东鲁米利亚自治省合并。米兰受到奥地利的怂恿，竟然对其宣战，结果失败，全靠奥地利的外交斡旋才获救。战后的塞保条约同意维持现状。此时米兰已经走投无路，他的王后娜塔莉是俄国人，敌视奥地利人，夫妻间的争吵不仅是丑闻，而且在政治上也产生影响。1889年，这个花花公子国王终于宣告逊位，传位给13岁的儿子亚历山大。

逊位后的国王和王后在塞尔维亚继续住了4年，引起许多麻烦和丑闻，随后被迫出国。此时，国家由摄政委员会管理。1893年，酷肖乃父的亚历山大宣布自己已经成年。他要求逮捕摄政者，解散国会，并废除了宪法。1900年，他不顾大臣、军队和人民的反对，与经历暧昧、公认不能生育的情妇德拉加·玛辛（他母亲的侍女）结婚，导致整个国家动荡不安。此后，国王的威望越来越低，危机纷至沓来。大臣们纷纷递上辞呈，亚历山大竟然找不到一位将军愿接受令人垂涎的陆军大臣职务——他如果能注意到这个凶兆的话，也许情况会好些。

1903年5月，谣传说国王将指定德拉加王后的兄弟、不得人心的尼科迪耶中校为王

1. 米兰·奥布雷诺维奇。

2. 奥布雷诺维奇王朝末代国王亚历山大及其妻子。

位继承人，塞尔维亚全国顿时群情汹涌。6月11日清晨，贝尔格莱德卫戍部队的28名军官冲进王宫，搜出躲到王太后卧室橱柜里的26岁的国王和42岁的王后，结果将其乱枪打死。国王中了30枪，王后身中28枪。一些不得人心的大臣和德拉加的亲戚也被枪杀。案件的细节虽然令人作呕，有损国家声誉，但是当这个奥布雷诺维奇家族的最后成员已经完蛋的消息传开后，塞尔维亚人民还是不禁松了一口气。贝尔格莱德市内挂上了彩旗，管弦齐奏。

奥布雷诺维奇王朝倒台后，国民议会中的激进党人投票邀请年近70的彼得·卡拉乔治维奇继承王位，成为塞尔维亚国王彼得一世。在近代塞尔维亚国家成立之后的86年里，这是第8位君主。在他之前，来自两个王族的7位统治者中，有1人逊位、两人被废黜、2人被刺杀，还有1位在被废黜后复位，最后又被谋杀。只有1位寿终正寝，因为他在位只有一个月，而且是在不省人事中度过的。总的来说，这个风险比率在巴尔干国家君主中名列前茅，远远高出位列亚军的希腊王室。

彼得一世大概是吸取了这个教训。他为人通权达变，善于处事，坚决支持立宪政体。他亲近俄国，在1870年的普法战争中，曾经在法军中作战，1876年还援助过波斯尼亚的造反者。人们甚至说，彼得拥护南部斯拉夫人统一的理想。他从日内瓦乘火车赴贝尔格莱德即位而路过维也纳车站时，维也纳大学里的克罗地亚族学生竟然聚集在站台上，向他欢呼：“克罗地亚人的国王万岁！”

克罗地亚人的历史

克罗地亚人的早期历史是难以详述的，最早只能追溯到7世纪。那时他们的祖先从喀尔巴阡山南下，渡过维斯瓦河，被称为“白克罗地亚人”。这些人最终来到达尔马提亚沿海和潘诺尼亚平原一带定居。北方的克罗地亚人逐渐受到法兰克帝国的影响，而南方的克罗地亚人受到拜占廷帝国的影响。至于被他们留在身后的故土“白克罗地亚”，如今被称为“小波兰”。

“克罗地亚”是拜占廷学者对这些人的称呼，他们自称为“赫尔瓦提”。随着印欧语系各种语言之间亲缘关系的发现，“比较语言学”这个新学科从19世纪开始成为追溯各民族起源和相互关系的重要手段。有学者认为，“赫尔瓦提”这个奇怪的、非斯拉夫的名字，来自古代波斯帝国的哈拉瓦提省，克罗地亚首都萨格勒布则得名于伊朗的扎格罗斯山脉。根据这些学者的说法，克罗地亚人的祖先是伊朗–雅利安人，他们在大流士皇帝时期北上，定居在顿河流域，与居住在那里的原始斯拉夫部落发生接触。这些伊朗–雅利安人拥有比斯拉夫人先进的文化，因此征服了后者。其上层贵族成为斯拉夫人的统治者和武士。但是，由于他们没有像伊朗和印度的雅利安人那样坚持种姓制度，经过若干代混血和语言同化，最后消融在斯拉夫人的汪洋大海里。一些克罗地亚民族主义学者说，其中“血统最纯正”的一小部分赫尔瓦提人保留了自己的族名，成为克罗地亚人的祖先；被伊朗–雅利安人“驯化”得最为成功的一部分斯拉夫人则成为塞尔维亚人的祖先。

以上说法没有足够的人种学和考古学证据来支持。被普遍接受的说法是，克罗地亚人和塞尔维亚人有共同的古代祖先，他们是纯正的斯拉夫人。两个民族的分化是在斯拉夫人迁移南下、被法兰克帝国和拜占廷帝国的不同文化同化之后。至于其名字，大概是来自一个位置已经失传的、叫做赫尔瓦提的河流或村落。

1. 在贝尔格莱德举行加冕仪式的彼得一世国王，1903年。

2. 托米斯拉夫国王。

定居下来的克罗地亚人有其不甚严密的部落组织。大约在924年前后，一个叫托米斯拉夫的担任大首领（即国王），他是此后200多年里统治独立的克罗地亚国家的第一位国王。公元10世纪中叶，克罗地亚国达到鼎盛时期，它在陆地上和海洋上拥有强大的军事力量。当时君士坦丁堡的拜占廷统治者估计，克罗地亚人的步兵有10万人之多，骑兵有6万人，水军有5000人。尽管这个数字无疑是夸大的，但它说明克罗地亚的军事力量给同时代的人留下了深刻的印象。克罗地亚国未曾受到第一保加利亚帝国的直接威胁，但是，它一度不得不抵御向纵深推进的保加利亚部队，并战胜了后者。由于克罗地亚的统治者向塞尔维亚人提供了支援和避难场所，因此，保加利亚帝国在征服塞尔维亚后对克罗地亚发动了新的进攻，但是又遭到失败。

托米斯拉夫国王之后的克罗地亚历史又陷入模糊不清的记载之中。它一度陷入内乱，四分五裂。1075年，一队远征的诺曼人十字军武士攻陷了达尔马提亚内陆的一系列克罗地亚城市，并俘虏了克罗地亚国王。翌年，他们被威尼斯人赶走，一个叫兹沃尼米尔的“巴昂”（地方行政官，总督）被推举为新的克罗地亚国王，并得到了罗马教皇的加冕。

1089年兹沃尼米尔死后，克罗地亚在王位继承问题上发生混乱，他的匈牙利遗孀把王位让给了其兄弟——匈牙利国王拉迪斯拉斯一世，后者指派自己的侄子为克罗地亚国王。克罗地亚人则拥立了自己的统治者，两派力量发生了混战。拉迪斯拉夫一世在1095

《克罗地亚人抵达亚得里亚海》，19世纪克罗地亚艺术家创作的民族主义油画。

年死后，他的儿子科洛曼继位，匈牙利国王对克罗地亚发动征伐，扑灭了反对力量，在1102年加冕为“克罗地亚和达尔马提亚国王”。克罗地亚的历史从此被纳入匈牙利王国的历史，除了偶尔的中断外，前后竟长达800余年。

在匈牙利统治下的克罗地亚实行自治，同时受“巴昂”管辖，巴昂有时由匈牙利王族成员担任，有时则由克罗地亚贵族担任。在南方，拥有众多岛屿和曲折海岸的达尔马提亚成为匈牙利与威尼斯互相争夺的对象——这里直到1102年在名义上都服从拜占廷帝国。

在斯拉夫人入侵拜占廷帝国以及日耳曼民族入侵意大利的时代，达尔马提亚沿海的富裕城市成为东罗马臣民和意大利人的避难所。擅长航海贸易的威尼斯人在摆脱拜占廷帝国的统治后迅速崛起，他们在达尔马提亚沿岸开辟了一系列贸易站，希望控制住通往东方贸易市场的通道。他们还希望消灭达尔马提亚海湾中的海盗，此外，达尔马提亚海岸的森林还可以提供造船的木材。精明狡猾的威尼斯总督丹都洛把第四次十字军东征

（1202～1204年）的矛头巧妙地引向了他的老对头匈牙利人以及拜占廷帝国本身。之后的几个世纪里，威尼斯在地中海东部的实力大增。

1115～1420年这段时间里，为了争夺达尔马提亚诸城邦，威尼斯和匈牙利打了21场战争，许多达尔马提亚城市屡屡易手。在连年不断的战争和易手中，一些城邦成为独立的共和国，比如扎拉、科托尔和斯普利特。其中实力最强的拉古萨共和国（拉古萨城即今天克罗地亚的杜布罗夫尼克）保持着独立自主，繁荣昌盛。这个长命的城市共和国一直存在到1806年，才被拿破仑灭亡。

在匈牙利和威尼斯长期的斗争中，每一个达尔马提亚城邦都出现了两派：一类以陆上的各种职业和手工业为生；另一派以航海业和渔业为生。陆地派投靠克罗地亚人和匈牙利人，海洋派则投靠威尼斯人。除此之外，内陆的塞尔维亚王国和波斯尼亚王国在其强盛时期也曾据有达尔马提亚海岸的一部分，为这一地区的归属增加了复杂性。1409年，觊觎匈牙利王位的那不勒斯国王拉迪斯拉斯把他对达尔马提亚的主权以10万杜卡特（威尼斯金币）的价格卖给了威尼斯。到1420年，达尔马提亚的所有城市都被威尼斯征服，只有拉古萨除外。此后，在土耳其人灭亡了独立的波斯尼亚和塞尔维亚国家后，达尔马提亚北部的狄纳里克阿尔卑斯山脉成为威尼斯共和国和奥斯曼帝国的边界。在之后250年的时间里，这两个强国有7次处于战争状态（其中一次，由克罗地亚水手操纵的威尼斯舰队帮助基督教国家赢得了勒班多海战），但是威尼斯一直稳稳当当地掌握着达尔马提亚行省，直至1797年拿破仑率领法国大军到来。

1389年，土耳其人在科索沃击败基督教联军后便开始入寇北方，但直到1463年波斯尼亚王国灭亡后，克罗地亚本土才受到土耳其人的全力冲击。在整个15世纪里，匈牙利王国的军队把土耳其人阻挡在国界之外，克罗地亚的军事贵族帮助他们组建了边境防线。

1526年，匈牙利军队在莫哈奇战役中被击溃，年仅20岁的匈牙利国王路易二世战死。路易幼年丧父，被神圣罗马皇帝、奥地利大公马克西米连收养在哈布斯堡宫廷中。他娶了马克西米连的女儿，妹妹安娜则嫁给了马克西米连的儿子——后来的神圣罗马皇帝费迪南一世。通过这次联姻，哈布斯堡家族在路易死后获得了对匈牙利王国和波希米亚王国的合法权利，同时也获得了对克罗地亚的权利。

美丽的克罗地亚古城杜布罗夫尼克（拉古萨）是亚得里亚海沿岸保护得最好的中世纪城市。它以海上贸易起家，中世纪时发展为可与威尼斯抗衡的城市。实际上该城的名字一直是拉古萨，直至1918年加入南斯拉夫时才改为杜布罗夫尼克。

在莫哈奇战役后的混乱中，土耳其人轻而易举地占领了匈牙利王国的绝大部分，包括克罗地亚的大部分地区。留在哈布斯堡统治者手中的那部分克罗地亚被划为边屯区，其境内遍布堡垒、烽火台和瞭望塔，居民们按照特惠条件租种土地，作为替奥地利尽军事义务的报酬。由于土耳其人的侵袭，这一地区人口锐减，因此从德国南部的士瓦本地区迁来了大量日耳曼人，移入人烟绝灭的地区；逃避土耳其人统治的塞尔维亚人也从南方北上，在这里定居。“边屯区”这一政治单位直到1881年才真正取消，在这之后很久，边屯区的居民仍然保持着尚武和从军的传统，以及亲奥地利的情绪。奥匈帝国军队中有相当大比例的军官出身于早先的边屯区联队。甚至直到1914～1918年的第一次世界大战时，尽管周围地区的克罗地亚人民族情绪高涨，但出身于边屯区的克罗地亚族和塞尔维亚族军官却仍然表现出对哈布斯堡王朝的耿耿忠心。

虽然边屯区的克罗地亚人亲奥情绪很浓，但是边屯区之外的大多数克罗地亚人仍然主张，同匈牙利人保持紧密的联系。土耳其人的威胁和日耳曼主子的压迫是两个民族祸福与共的重要因素。克罗地亚人的议会派出代表参加匈牙利议会，其贵族参加匈牙利人的起义。1712年，克罗地亚议会在接受《国事诏书》时说："我们与匈牙利人的联合，既非由于受到压力，也不是由于受到征服，而是我们根据自由的意志，自发地臣服于他们的国王，但不是臣服于（匈牙利）王国。"

在1699年的《卡尔洛维茨和约》中，土耳其人把整个克罗地亚和匈牙利割让给哈布斯堡皇帝；1718年的《帕萨劳维茨和约》割让了更多的地方，不过这次割让的土地在1739年的《贝尔格莱德和约》中又归还了一部分。由于这些条约，在哈布斯堡王朝统治下的克罗地亚面积变大了。除了边境直属于奥皇的军屯区外，克罗地亚的其余地区实行内部自治，属于自治的匈牙利王国的一部分。他们选出自己的议会，并在奥皇任命的巴昂管理下实行地方自治。

1809年，奥皇被迫把克罗地亚割让给法国。拿破仑把它和达尔马提亚等地区合并到一起，成立了直属法国的"伊利里亚省"。这一试验品虽然只存在了4年，但却唤醒了克罗地亚人、斯洛文尼亚人和塞尔维亚人的民族意识，在他们当中第一次激发出了"南部斯拉夫人"的民族共同感。1813年拿破仑战败后，"伊利里亚省"被撤销，克罗地亚重新并入匈牙利，达尔马提亚并入奥地利，同时还恢复了边屯区。

19世纪30年代，匈牙利人受到民族主义浪潮的影响，不断反抗哈布斯堡王朝的统治。匈牙利议会宣布马扎尔语（而不是德语）取代拉丁语，成为匈牙利王国的官方语言。克罗地亚人随即要求，以本民族语言作为克罗地亚行省的官方用语，却遭到拒绝。1848年，匈牙利议会通过的"三月法令"甚至取消了克罗地亚古老的自治地位，把它从"联合王国"变成了"下辖省"。

1848年，是欧洲的"革命之年"。科苏特将军领导匈牙利人民发动反对奥皇的起义。他是个极端的民族主义者，在争取自己民族自由的同时，却压迫其他民族。科苏特的名言是"我不知道有什么克罗地亚民族"，克罗地亚舆论对此深为愤懑。恰在这时，克罗地亚人约瑟夫·耶拉契希男爵被任命为克罗地亚巴昂，奥皇于是得以用克罗地亚提

神圣罗马皇帝、哈布斯堡家族的马克西米连一世（图中最左侧）。通过联姻开创了哈布斯堡帝国的四个世纪伟业。他娶了勃艮第女公爵玛丽亚（画面右侧女性），继承了尼德兰、勃艮第、弗朗什-孔泰等大片土地。他的儿子“美男子”腓力（玛丽亚旁边）娶了西班牙的“疯女”胡安娜，从而继承了西班牙、西西里、那不勒斯、美洲等大片土地。画面前排的三个男孩里，中间是腓力的长子查理，他在1516年继承了西班牙和美洲，开创了西班牙的哈布斯堡王朝，在1530~1556年间成为神圣罗马皇帝查理五世；左边是幼子斐迪南，他继承了奥地利、提罗尔等领土，开创了奥地利的哈布斯堡王朝，并在1558~1564年当选为神圣罗马皇帝。最右边是年幼的波希米亚和匈牙利国王路易二世，马克西米连是他的监护人。路易二世的妹妹嫁给了斐迪南，他在莫哈奇战死后，波希米亚、匈牙利、克罗地亚也转归斐迪南统治。这几位哈布斯堡成员形状独特的下颚（尤以查理最为明显）历来是遗传学中最著名的研究案例之一。

供的4万军队镇压了匈牙利的起义。

匈牙利起义被扑灭之后，克罗地亚被划离匈牙利，成为奥地利的皇室领地。直到1866年，奥地利在普奥战争中败于普鲁士军队，而被迫建立奥匈二元帝国，才将其重新划归匈牙利。根据随后达成的协议，匈牙利国会承认克罗地亚“是一个拥有自己特定领土的行使政权的国家”，克罗地亚议会享有行省自治权，并在匈牙利下院有40名代表，在上院有3名代表。克罗地亚自治政府掌管内政、司法（及宗教事务）和教育，这三个部长组成克罗地亚内阁。克罗地亚巴昂由奥皇任命，但是由匈牙利首相提名。行省的官方语言为塞尔维亚-克罗地亚语。匈牙利国会还答应帮克罗地亚取得达尔马提亚和边屯区。后者在1881年并入克罗地亚，但前者直到1918年为止仍属于奥地利。

并入“边屯区”后，克罗地亚境内的塞尔维亚人口大增。一些克罗地亚政治家主张，消除克罗地亚人与塞尔维亚人在文化和宗教上的分歧，实现南部斯拉夫人的联合，但一些民族主义者则拒绝把他们向匈牙利索取的那种自由白白让给塞尔维亚人。这些塞尔维亚人的意见也不一致，其中一部分和许多克罗地亚人一样，希望看到一个在哈布斯堡君主统治下的独立的克罗地亚；另一些人则希望，建立一个把克罗地亚包括在内的“大塞尔维亚”。

1878年柏林会议之后，塞尔维亚王国的民族意识日趋高涨，独立要求越来越强。这当然无助于改善克罗地亚境内两族的关系。这一年，奥地利人又占领了波斯尼亚-黑塞哥维那。于是，克罗地亚人开始梦想建立一个包括波黑在内的“大克罗地亚国”；而塞尔维亚人（既包括本国的，也包括克罗地亚境内的）则希望，建立一个包括波黑在内的“大塞尔维亚国”。看来，克罗地亚人与塞尔维亚人之间的这种紧张关系，对于建立南斯拉夫国家的理想来说是个致命威胁。

但是，随着新世纪的到来，感情也随之发生了变化。从捷克兴起的“泛斯拉夫运动”在各斯拉夫民族中热烈传播，影响了塞、克两族的年轻一代领袖。最后，建立“大克罗地亚”的理想逐渐消失，把所有南斯拉夫人联合为一个南斯拉夫国家的理想代之而兴。甚至“南斯拉夫”这个词，也是最早由萨格勒布的克罗地亚议会创造出来的。1914年奥匈帝国对塞尔维亚宣战后，一些来自哈布斯堡帝国各省的克罗地亚及塞尔维亚知名人士流亡到伦敦，在1915年4月组成了“南斯拉夫人委员会”，开始在美国的南斯拉夫移民中募集捐款。与此同时，来自萨格勒布的克罗地亚议员继续出席布达佩斯的匈牙利议会，在老皇帝弗朗茨·约瑟夫于1916年去世后还参加了卡尔皇帝的加冕典礼。这样一来，直到战争结束，克罗地亚都得以积蓄力量，并保持其自治地位不受损害，同时始终和流亡国外的同志保持联系，为在战后成立一个南部斯拉夫人的国家而暗中打下了基础。

波斯尼亚、斯洛文尼亚和黑山

波斯尼亚的名字来自一条河流，它古时候叫博桑特或博萨纽斯。这个名字后来就被用来称呼7世纪时进入这一地区的斯拉夫人部落。公元385年把罗马帝国一分为二的那条分界线正好从波斯尼亚穿过。尽管没有任何地理基础，这条线却成为欧洲历史上最持克罗地亚首都萨格勒布。它在奥匈帝国时期是克罗地亚-斯拉沃尼亚王国的首府，名字叫“阿格拉姆”，以其漂亮的建筑、宽阔的林荫道和美丽的广场而著称。图中为托米斯拉夫国王的塑像。

久的一条边界线。它的西边和北边是接受罗马天主教和西欧文化的克罗地亚人，东边和南边是接受希腊东正教和拜占廷文化的塞尔维亚人。

早期的波斯尼亚处于混乱之中。这片地区交替被塞尔维亚、克罗地亚、匈牙利、保加利亚和拜占廷帝国控制，当地的部落则演变成“巴昂”辖区，游走于大国的巨兽虎口之间。直到1376年，当地人斯蒂芬·特弗尔特科才利用塞尔维亚尼满雅王朝灭亡之后的危亡时机，建立了波斯尼亚人自己的第一个王国。他给自己加冕为“塞尔维亚、波斯尼亚及滨海地区国王”。1389年，他率兵参加了科索沃战役，战败之后他又给自己加上了“克罗地亚和达尔马提亚之王”的头衔，于翌年去世。

这个国家建立得过快，其创建者死得过早，因此未能把他的领土融合为一个和谐的整体。各种矛盾使得波斯尼亚的内战连绵半世纪之久。最后，这个国家形成三巨头分治并控制孱弱君主的政治格局。其中斯蒂芬·武科契奇统治着南方的胡姆地区。1448年，神圣罗马皇帝腓特烈三世赐予他“圣萨瓦公爵”的头衔。“公爵”这一称号的德语是Herzog，因此，这个地区的名字变成了“Hercegovina”（黑塞哥维那），意思是“公爵之地”。

土耳其人在长期向波斯尼亚索取贡品、越境袭掠、掳人为奴之后，终于在1460年对其发动了全面征服，俘虏了末代国王，并于3年后将他斩首。黑塞哥维那凭借多山的地形一直抵抗到1483年，北方的几个地区沦为匈牙利的边屯区，威尼斯人则占领了达尔马提亚沿海。

土耳其统治下的波斯尼亚实际上仍旧是一个贵族共和国，它的总督对当地事务很少进行干涉。人们虽然保持了自己的语言，但在衣着、头衔和生活习惯上却仿效土耳其宫廷。由他们组织的骑兵队在16和17世纪，接连不断地在匈牙利参与土耳其人的战争。

以1683年的维也纳战役为标志，奥斯曼帝国终于从欧洲的心腹大患变成了疥癣之患。它在欧洲的大片疆土被割让给奥地利，波斯尼亚协助土耳其对外扩张的历史也宣告结束。

随着巴尔干局势的恶化：保加利亚人发动起义，塞尔维亚和黑山也对土耳其宣战。1877年4月，“斯拉夫各民族的保护者”俄国对土耳其宣战，并在翌年1月彻底击败土军，兵临君士坦丁堡城下。

为了避免威胁到通往印度的交通线，英国不会允许俄国掌握黑海的出海口（那样的话俄国海军舰队可以随意驶入东地中海，威胁埃及）。英国不能坐视俄军哪怕是暂时地占领土耳其首都，便在奥匈的支持下以战争威胁俄国，沙皇只好答应停战。在接下来签订的《圣斯特法诺和约》里，土耳其被迫承认保加利亚独立，重划巴尔干各国边界，并在波斯尼亚进行改革。但是英国和奥匈担心“大保加利亚”成为俄国的附庸，因此对沙皇施加了极大的压力。被战争弄得筋疲力尽的俄国不愿再惹起新的冲突，于是同意俾斯麦的建议，于1878年6月在柏林举行列强会议，修改和约。

在柏林会议上，俄国人试图建立的“大保加利亚”遭到列强否决，而贝尔格莱德“恢复昔日塞尔维亚帝国疆域”（直抵斯科普里）的企图也遭到拒绝，而且没有给它留下出海口。这是安德拉西伯爵的外交胜利。在《柏林条约》中，奥匈帝国以“代管”的名义获得了波斯尼亚和黑塞哥维那，理由是统治该地的土耳其政府颟顸无能，从而导致骚动迭起。但是奥匈允诺，“一旦波斯尼亚和黑塞哥维那恢复了秩序与繁荣”，就把两省归还给土耳其。此外，奥匈帝国还获得了长条状的新帕扎尔州，这块土地在法律上仍然是奥斯曼帝国领土，奥匈在此驻军并进行行政管理。在奥匈帝国看来，新帕扎尔州是打入巴尔干半岛的一个楔子，它把塞尔维亚人和黑山人隔开，日后可以借此为踏板和前进基地，方便地长驱直入巴尔干半岛腹地。

在奥匈帝国统治期间，大量移民从克罗地亚和匈牙利移民过来，甚至还有波兰人和捷克人。在拥有丰富经验的行政专家卡莱男爵的治理下，两省的盗匪绝迹了，卫生条件改善了，并修筑了公路、桥梁和铁路，土地、教育和宗教事务也得到改善。在不到20年的时间里，中世纪的波斯尼亚一下子进入了20世纪。但是，不止一位哈布斯堡帝国的民族问题专家看出了其中的麻烦：奥匈帝国花钱在两个行省里建设公路、铁路和学校，反而加速了塞尔维亚民族主义在波斯尼亚人中的散布和蔓延。

斯洛文尼亚人归属于哈布斯堡双鹰旗下的历史比波斯尼亚人久远得多。他们的祖先在6世纪后半叶到达今天的斯洛文尼亚一带，曾经和阿瓦尔人、巴伐利亚人、一度卷土重来的拜占廷人以及法兰克人作战，并臣服于最后这一股势力。法兰克帝国演变为神圣罗马帝国后，皇帝奥托一世创建了面积巨大的卡林西亚公国，以抵御匈牙利人的入侵，后来又从这个公国里划出了卡尼奥拉和施蒂里亚两个“边区”。

从归属于法兰克帝国时起，日耳曼人就不断向斯洛文尼亚移民，历时6个世纪有余。许多德意志农民来到斯洛文尼亚人中间，结果斯拉夫人在许多地方（几乎整个卡林西亚以及北边大半个施蒂里亚）变成了少数，久而久之丧失了他们的斯拉夫民族特性，被日耳曼人同化。第二次世界大战中最臭名昭著的纳粹战犯之一——主管波兰东部三座灭绝营的党卫队军官奥迪洛·格洛布尼克，就是这样的一位斯拉夫人后代。

13世纪中叶，波希米亚国王奥托卡征服了摩拉维亚、西里西亚、奥地利、卡林西亚、施蒂里亚和卡尼奥拉，建立起庞大的奥托卡帝国。但是，在和哈布斯堡伯爵鲁道夫争夺神圣罗马皇帝的战斗中，这位国王却战死在疆场上，施蒂里亚也因此落入了哈布斯堡家族手中。4年后，该家族又获得了奥地利，从而开始了哈布斯堡帝国扩充版图的漫斯洛文尼亚首都卢布尔雅那。它在奥匈帝国时代是卡尼奥拉省的首府，受日耳曼文化影响极深，市区有许多日耳曼风格的巴洛克式建筑，与维也纳或者因斯布鲁克别无二致。

长历程。1335年，出身巴伐利亚的神圣罗马皇帝路德维希四世把卡林西亚和卡尼奥拉赠给“瘸子”阿尔伯特二世和“快活汉”奥托四世（两人是兄弟，共同享有奥地利公爵头衔）。这样，几乎所有的斯洛文尼亚人都归于哈布斯堡家族统治之下了。

除了15和16世纪土耳其人的短时间入侵之外，直到拿破仑战争为止，斯洛文尼亚人居住的几个省再也没有发生过什么重大事件。德语在这几个省里是上层阶级和中层阶级的官方用语（国语则是拉丁语），许多贵族和商人还说意大利语，但广大人民说的是斯洛文尼亚语。在哈布斯堡王朝虽不英明但尚属开明的统治下，斯洛文尼亚人的生活稳定而富足。他们向德意志输出蜂蜜、水银、铅和铜，向意大利输出铁、羊毛、玉米和家畜，进口丝绸、棉布、香料和鱼。这里最早出现了近代的南斯拉夫启蒙文学和艺术，以及最早的南斯拉夫民族意识。

1. 黑山（洛夫钦山）的石林。久经风吹雨淋而形成的嶙峋峭壁犹如一望无际的海洋。这里是欧洲最贫瘠不毛的地区之一。

2. 坐落于洛夫钦山山顶的黑山统治者彼得二世陵墓。

1809年，拿破仑把割自奥地利的卡尼奥拉、施蒂里亚、卡林西亚西部以及克罗地亚和达尔马提亚（包括拉古萨共和国）并入法兰西帝国。这些地方组合成“伊利里亚行省”，首府设在莱巴赫（卢布尔雅那的德文名字）。这个行省使得法国在意大利和巴尔干之间建立起了联系，并保护通往近东的航道。在马蒙元帅、朱诺将军和约瑟夫·富歇的治理下，斯洛文尼亚的情况大大改善，修筑了道路，建立了邮政，推行《拿破仑法典》以及改进了行政制度。但是，比物质改善更重要的是新政权在民族觉醒方面的作用：学校和行政机构中提倡使用斯洛文尼亚语，鼓励斯拉夫文学创作，尽量任用当地人做官吏——行省内的克罗地亚人和塞尔维亚人也都因此获得了好处。

然而，“伊利里亚行省”不过是昙花一现，法国在1812年进军俄国惨败后被迫放弃伊利里亚，这一地区在维也纳和会上归还奥地利。卡林西亚、施蒂里亚和卡尼奥拉合并为“伊利里亚王国”，属于奥地利帝国的一部分，直到1849年，终被解散。3个行省被定为皇室领地，各自有自己的议会，但其享有的自治权却十分有限。不过，民族意识一经

②

唤起就无法再度沉睡，19世纪的斯洛文尼亚学者开始了民族复兴运动，把多种德语化的粗鄙方言统一为标准的斯洛文尼亚书面语，并且开始了建立“斯洛文尼亚王国”的政治讨论。不过，由于19世纪的工业发展，斯洛文尼亚成为奥地利境内最富庶的地区之一，仅次于波希米亚。由于生活情况较好，民族总人口不多，以及居住分散（分布在奥地利的6个省里），直到第一次世界大战爆发时为止，斯洛文尼亚人对哈布斯堡王朝的不满始终不如克罗地亚人的反匈牙利情绪那样强烈。

奇特的小国黑山位于巴尔干半岛最荒凉的一个角落。一首黑山的古老民歌说：“上帝创造世界，大功即将告成，却发现袋子里还剩下许多石头，于是他把它们全都倒在一小块荒凉的旷野里。黑山就是这样形成的。”

“黑山”这个名字来自斯库台湖北岸的洛夫钦山。这座石灰岩山脉荒凉不毛，在一年中总有几个季节是一片苍黑的。

黑山地区在古代一直是塞尔维亚王国的一部分，直到1355年斯蒂芬 · 杜尚去世，塞

1. “欧洲的国丈”尼古拉一世。

2. 尼古拉一世统治着一个人口不到50万的小国，其首都采蒂涅犹如一座村庄，而其王宫则像一座小旅馆。这里现在是黑山历史博物馆。

尔维亚帝国瓦解后，黑山才以一个独立的公国面貌出现。当时它的名字叫“泽塔”。1389年，科索沃一战之后，许多塞尔维亚人躲入多山的泽塔地区。1463年，波斯尼亚被占领；1478年，阿尔巴尼亚被占领；1483年，黑塞哥维那被占领；黑山完全被土耳其的领土所包围。经过激烈抵抗之后，连黑山的统治者也被迫放弃了肥沃的斯库台湖沿岸平原，躲入洛夫钦山，在小村采蒂涅建立了新首都。此后，黑山人与土耳其人持续不断的战争几乎长达4个世纪。

由于自己的领土实在太过荒凉，黑山的统治者经常离开本土，到繁华热闹的威尼斯去居住。他们不在时，委托主教代为统治。1516年，泽塔公国最后一个统治者乔治五世离开黑山前，把他的权力正式移交给了主教，因为他准备永远离开这个地方。

17世纪，土耳其人对黑山发动了多次进攻，其首都采蒂涅两度被占领，但土军都很快撤退了，因为采蒂涅周围这片遍布石灰石的贫瘠土地是一座无法攻克的堡垒，它的岩石和山洞为游击战提供了有力的条件。在黑山的荒山峻岭中，土耳其军队小则败北，大则饿死。就这样，为数不多的黑山人始终保持着他们的独立。在浩瀚的土耳其海洋中，黑山成为小小的自由之岛。

1696年，达尼洛·彼得罗维奇当选为主教，从这一年起，这个国家采取了新的继承制度，主教不再通过选举产生，而是从他的亲属中指定继承人。此后，土耳其和黑山继续进行激烈的战争。土军再次进入黑山境内，再次因土地贫瘠、无可掳掠而陷于饥饿的困境，最后还是不得不把黑山留给它的坚忍不拔的居民。1782年，彼得一世即位。他参

加了奥俄两国对土耳其的战争，从土耳其手中获得了北方的布尔达地区，从而把国土扩大了一倍。1799年，奥斯曼帝国不仅正式承认黑山的独立，而且被迫宣布“黑山从未臣服于我皇家朝廷”。

拿破仑战争期间，黑山人曾经和英国海军上将弗里曼特尔的舰队一同作战，从法国人手里夺取了沿海的科托尔港，但维也纳和会却把它划给了奥地利。在彼得一世和他的侄子彼得二世统治期间，黑山历史的主题仍是对外抗击土耳其人的入侵，在国内则削弱桀骜不驯的地方豪强，加强中央集权。这个只有20万人口的小国在1821年、1829年、1835年3次同土耳其爆发战争，以期在南方获得一个出海口，但都未能如愿。土耳其人许诺说，只要黑山承认其宗主权，就把斯库台城、亚得里亚海沿岸的一块出海口和黑塞哥维那的一部分土地赐给他们，但珍惜自由地位的黑山人拒绝了这宗交易。

1851年，彼得二世的侄子达尼洛继任主教。他非常想结婚，于是在翌年给自己加冕为“黑山及布尔达的大公”，把主教职位让给了别人。达尼洛在克里米亚战争期间宣布中立，在亲俄的黑山人民中招致极大的不满，甚至险些被推翻。他没有儿子，大公爵位传给了19岁的侄子尼古拉一世（1860～1918年在位）。

1874年，波斯尼亚和黑塞哥维那的起义爆发后，在黑山人当中引起极大的同情。1876年7月，尼古拉与塞尔维亚的米兰大公共同对土耳其宣战。土军试图截断连接黑山本土和布尔达的蜂腰地带（宽度只有20公里）。但是，骁勇善战的黑山人——其男性身高在19世纪就普遍超过1.9米，是巴尔干各民族中最高的——不仅击退了土军的攻势，而且趁胜追击，攻占了达尼洛夫格勒、梅敦等地。当年11月，黑山与土耳其休战。但当翌年4月俄国对土耳其宣战后，黑山再度投入战争。这是它获得巨大胜利的一年，它征服了将近7000平方公里的土地，把自己的疆域扩大了两倍。《圣斯特法诺和约》允许黑山保留这些领土，但是，《柏林条约》将其缩水了一大部分（黑山的总面积从13500平方公里减少到9800平方公里）。奥地利不愿意让黑山获得出海口，虽然最后黑山在俄国支持下获得了巴尔港，但是，为了防止这个港口成为俄国舰队的基地，《柏林条约》规定黑山的领海“对各国军舰关闭”，黑山也不得有自己的舰队。

由于与土耳其人的长期斗争，黑山的战斗传统长达5个世纪之久。要把这个由山地酋长统治的中世纪国家变为有组织的19世纪国家，并非易事，但尼古拉在柏林会议后的30年间充分发挥了治国才能，黑山在经济、社会和政治诸方面获得了很大发展，国内修筑了公路网和邮政网，还铺设了从巴尔港到斯库台湖的铁路，在首都建立了一所图书馆、一家剧院和一所博物馆，设立了国家银行和农业学院，葡萄和烟草种植也得到了促进。1910年，黑山由大公国升格为王国。不过，黑山的土地实在太贫瘠了，所有这些进步也没能阻止它不时发生饥荒，以致20世纪初的黑山年轻人不断移民到塞尔维亚和美国。

尼古拉在国内实行专断统治，在国际上则是个成功的媒人。他的大女儿嫁给了流亡国外的彼得·卡拉乔治维奇——1903年成为塞尔维亚国王彼得一世；二女儿和三女儿嫁给了俄国沙皇尼古拉一世的两个孙子（三女婿尼古拉大公是“一战”中的俄军总司令）；四女儿成了意大利王后，尼古拉因此被称为“欧洲的国丈”。不过，这些强国并没能保佑他国祚长久。1918年，尼古拉的黑山王国被大女婿的塞尔维亚王国吞并，年迈塞尔维亚王储乔治（1887~1972），外祖父是黑山国王尼古拉，自幼在黑山宫廷中长大，1903年被立为王储，1909年因为踢死仆人而被父亲剥夺王位继承权。乔治参加了巴尔干战争和“一战”，1914年在战场上受重伤。彼得一世去世后，他和弟弟亚历山大的关系日益紧张，终于在1925年被逮捕，关入精神病院。1934年亚历山大国王遇刺后，他希望摄政的保罗亲王将自己释放，但未成功。1941年德军占领南斯拉夫后将他释放，希望他出任塞尔维亚傀儡首脑，但被乔治拒绝。1944年南斯拉夫成立社会主义共和国后，宣布所有前王室成员为"人民公敌"，但铁托特许乔治住在国内，直至1972年去世。

的老国王被迫流亡法国，最终死在地中海的旅游胜地比亚里茨。

“迟早总会有一个巴尔干的家伙挑起一场欧洲大战”

在被土耳其人统治了4个多世纪后，奥斯曼帝国的巴尔干领土事实上已经变成了欧洲和亚洲之间的过渡区——位于欧洲又不属于欧洲。旅行家一渡过哈布斯堡王朝的克罗地亚与奥斯曼帝国的波斯尼亚之间的界河——萨瓦河，便会感觉到自己已经离开欧洲，来到亚洲了。见识过土耳其统治下的叙利亚、亚美尼亚或者埃及等行省的旅人，当他们来到波斯尼亚或者马其顿，都会立刻惊讶地发现了这些欧洲的土耳其行省有着熟悉的亚洲和非洲景色：私人财物在这里并不安全，土耳其的法律奥秘难测，到处可见出乎意料的颜色、气味和人种混杂。一位名叫列夫·布隆施泰因的俄罗斯犹太裔年轻记者——日后他的另一个化名“托洛茨基”更为人熟知——在第一次巴尔干战争的前夕乘火车从布达佩斯来到贝尔格莱德。他从车窗向外望去，不禁高兴地大喊：“东方！东方！一个有不同面孔、服装、种族和文化水平的混合物！多么奇妙！”

组成现代南斯拉夫国家疆域的一个重要部分——马其顿，被奥斯曼帝国统治的时间最为长久。直到1912年，它才被四面八方涌来的军队“解放”。有关马其顿地区错综复杂的历史，在《近世的保加利亚与战争》一文中已经做过介绍。塞尔维亚、保加利亚和希腊三方对这块土地的争夺，成为20世纪初巴尔干半岛国际政治的主旋律，最终引发了接踵而至的两场巴尔干战争。而由此激荡出的余波，竟然在30年里把整个欧洲拖进了两次世界大战。

在整个19世纪，欧洲的民族主义先是被“法国大革命”和拿破仑的“大军”唤醒，在1848年欧洲革命中成长壮大，随着意大利和德意志的统一战争达到高潮，到19世纪末，已经演变成一头牙齿和爪子均甚锋利的猛兽。那个时期的欧洲政治家在柏林和维也纳谈论“大德意志”——这正是希特勒在1889年出生时的政治大环境。他们在布加勒斯特谈论“大罗马尼亚”，在雅典谈论“大希腊”，在索非亚谈论“大保加利亚”，在贝尔格莱德谈论“大塞尔维亚”——这也是刺杀斐迪南大公的刺客普林西普在1894年出生时的大环境。

如果在一张巴尔干半岛的地图上标出“大希腊”、“大保加利亚”和“大塞尔维亚”的疆界，就会发现它的轮廓大致像一片三叶草，中间有一块彼此重叠的地区，那就是马其顿。这块土地北起夏尔山脉，南至爱琴海，其居民大约在200万以上，其民族属性则是政治魔术师们的道具——1899年塞尔维亚王国公布的一份人口统计宣布，马其顿地区有204.8万名塞尔维亚人、20万名希腊人、23万名土耳其人和5700名保加利亚人；翌年保加利亚公布的另一份统计却宣布只发现了700名塞尔维亚人，而保加利亚人则多达118万（另有希腊人22.5万，土耳其人49万）。希腊学者的统计数据是当地有希腊人65.6万，马其顿斯拉夫人45.5万，土耳其人57.6万，总人口182万，比塞尔维亚和保加利亚的统计数据少了100万人之多。

事实上，这种瞎子摸象式的非官方人口普查永远也不可能得出准确的结果。即使是土耳其官方也无法统计准确的人口数字——农民对于试图摸清人丁数目的土耳其税吏早已应对有方。糟糕的交通情况更是雪上加霜：王公们有意使得巴尔干半岛的道路失修，这样可以加强他们在自己那片小天地里的割据力量。在巴尔干半岛的丘陵地带，100公里的路走上一个星期是常有的事；色雷斯平原（就在奥斯曼帝国京城君士坦丁堡附近）的一条新修公路，5年后就无法让有轮的车通行。山区的农民对不良的道路也有自己的盘算：它们使得政府难以前来征收赋税或统计人口。

20世纪初的马其顿农民。

20世纪初期，希腊、塞尔维亚和保加利亚的爱国人士互相争夺马其顿农民的忠诚，结果遇到了出乎预料的困难，因为对于已经开始在欧洲肆虐的民族主义来说，这里还是一片盲区。

同样，保加利亚爱国人士也对他们遇到的冷漠感到苦恼。不幸的马其顿农民更关心生活安定，夹杂在强硬的革命分子和天威难测的土耳其政府之间，许多人干脆选择背井离乡前往美洲。留下来的人则成了民族主义者的斗争工具，各方都为了抓住他们的忠诚而依赖于暴行。

1903年，受到保加利亚资助的革命者在马其顿西南部发动了起义，但是，遭到土耳其的残酷镇压。几百个村庄遭到洗劫和焚毁，5000多人被杀害，7万多人流离失所。

同一年，塞尔维亚奥布雷诺维奇王朝的末代国王和王后在卧室里被军官团刺杀，继

1. 2. 1906年奥匈帝国与塞尔维亚关税之争的原因之一是奥匈要求塞尔维亚从该国购买武器。当时塞军的火炮订购自法国的什耐德-克鲁索公司。图2是塞尔维亚王家陆军使用过的一门75毫米什耐德榴弹炮，炮管上烙上了塞尔维亚王国的国徽——双头鹰和萨瓦十字（图1）。双头鹰是拜占廷帝国的标志。拜占廷末代皇帝君士坦丁十一世的母亲德拉加斯是塞尔维亚公主。萨瓦十字得名自圣萨瓦，他是尼满雅王朝开国国王斯蒂芬的幼子，成为塞尔维亚教会的第一任大主教。

3. 贝尔格莱德的“斯库普什丁纳”（即国民议会）大厦，摄于1900年，当时正在建造中。

任的彼得一世国王不得不采取较为开明的统治。在他的治理下，塞尔维亚王国的形象发生了巨大变化。军方的阴谋家被审慎地调离首都，贝尔格莱德的宫廷也有改变。宪法得以恢复，财政也进入了轨道。外交方面，塞尔维亚向俄国大大靠拢，并设法改善与保加利亚的关系，甚至考虑在两国间实行关税同盟。

奥匈帝国对塞尔维亚的新王朝忧心忡忡：它与奥匈境内的斯拉夫人关系太密切了；它和别国的关税同盟会损害奥地利的利益。1905年，奥地利要求塞尔维亚终止和保加利亚的关税同盟谈判，并且要求塞军的全部军火都从奥匈（而不是从法国）订购。这两个要求遭到拒绝后，奥匈宣布对塞尔维亚过境运输的全部牲口征收抑制性的巨额关税。

塞尔维亚人虽然处境困难，但拒不屈服。他们与土耳其达成协议，使用萨洛尼

卡港出口，同时还在西欧找到了新的市场。关税之争不仅促使塞尔维亚人认识到他们急迫需要一个出海口，而且加深了他们对奥地利的怨恨。“不扩张便灭亡”成了塞尔维亚激进分子的口号。有些人看中了马其顿和萨洛尼卡地区，还有些人希望吞并波斯尼亚、黑塞哥维那和黑山。

1908年10月6日，波斯尼亚和黑塞哥维那的奥匈行政长官布里安男爵突然宣布，将这两个行省干脆利落地并入奥匈帝国。此举十分突然，除了已经由于日俄战争而削弱的俄国外，事先并未与其他大国协商，也违背了1878年《柏林条约》中一旦两省恢复秩序就归还土耳其的规定。奥斯曼帝国1908年的改革令奥匈帝国忧心忡忡，唯恐对方以“国内政治已日趋完善”为由索回这两个省。此外，这还是一种预防措施，防止当地人发动起义并入塞尔维亚王国，从而出现一个强大的塞尔维亚国家，使得奥地利的东进政策受到威胁。

合并事件使得塞尔维亚举国沸腾。他们将自己视为巴尔干半岛上负有历史责任的皮埃蒙特（意大利北部的一个王国，是意大利复兴运动的策源地，最终统一了意大利），要将其他南部斯拉夫人从奴役中解放出来。他们认为，奥地利吞并波斯尼亚，是故意针对塞尔维亚的挑衅举动。俄国人也反对此举，因为他们知道奥地利人想要建一条通往爱琴海的铁路，把俄国驱逐出巴尔干半岛。

布里安男爵的唐突举动差点使欧洲在1908年就陷入一场大战。英国和法国自不用说，连德国也对此举十分气恼，可是德国又不能同这个唯一的坚定盟国发生争吵。俄国的反应最接近于战争。在几个月的时间里，塞尔维亚报纸连篇累牍地鼓吹对奥匈帝国宣战，并盼望俄国的支援。但是，由于德国向俄国施加压力，警告说会动员兵力帮助奥匈帝国，俄国人只好打退堂鼓。1909年3月，俄国外交大臣萨松诺夫通知塞尔维亚政府："我国军队尚未准备妥当，现在无法作战。"塞尔维亚被迫接受既成事实。

失去波斯尼亚和通往亚得里亚海的出海口后，塞尔维亚人越来越寄希望于获得马其顿和萨洛尼卡港。对中世纪塞尔维亚帝国的回忆使得他们总想取得这片地方；奥斯曼帝国内部的骚乱和危机则为他们插手干预马其顿事务提供了成熟的时机。不过，无论居住在马其顿的塞尔维亚人有多少，他们这时一点都不想迁到北边，因为那里此时还是一个贫困的农村国家，国内森林密布，贝尔格莱德的塞尔维亚人学识发展远不如奥匈帝国境内的塞尔维亚人先进；在塞尔维亚，卡拉乔治维奇家族和奥布雷诺维奇家族的拥护者相互夺权，当地人与所谓的"日耳曼人"（即从伏伊伏丁那移居过来的塞尔维亚移民）相争，亲奥派与亲俄派互相对抗……这个国家的前景尚是一片灰暗，看不到任何光明。

若不是奥斯曼帝国这个"近东病夫"的形势比塞尔维亚还糟，第一次巴尔干战争恐怕是打不起来的。到1912年的春天，"病夫"看起来已经如此垂危，令人不禁想要就此下手：土耳其军队在利比亚竟然稀里糊涂地败于意大利军队；君士坦丁堡的土耳其陆军司令部由于私仇和派系斗争而四分五裂；"青年土耳其党"推行的"奥斯曼化"政策令臣民的造反之意日甚一日……对于巴尔干各族人民来说，似乎从来没有过像现在这样的大好时机，能够轻易地把土耳其人赶出欧洲。

在这种局势下，巴尔干各国改善相互关系的迹象日益明显。1912年3月13日，塞尔维亚率先与保加利亚达成了秘密协议：夏尔山脉以北的马其顿地区归塞尔维亚；罗多彼山脉和斯特鲁马河以东的地方归保加利亚；在这之间的地区成立一个"自治的马其顿"。如果这一目标不能实现，则从东北到西南斜着画一条线，将其分为两半。塞尔维亚承诺塞尔维亚第1集团军的参谋军官，最左边是亚历山大王储。

不在此线以南提出领土要求，保加利亚保留对这条线以北的土地提出要求的权利，具体归属由俄国仲裁。当年5月，保加利亚与希腊签订了反土耳其的另一项秘密条约，希腊与塞尔维亚和黑山也达成了秘密的军事协议。

俄国外交部相信，自己已经培养了一个对抗奥斯曼帝国的防御集团。但在当年夏天访问圣彼得堡的法国总统、冷静的数学家普恩加莱警告俄国人说，巴尔干同盟不仅包含着与土耳其发生冲突的萌芽，而且也包含着与奥匈帝国冲突的萌芽，这阴暗地预示着未来的欧洲大战。普恩加莱提出警告后，俄国外交大臣萨松诺夫顿然醒悟，想就此收手。10月7日，他和奥匈外交大臣冯·贝托希尔德决定共同采取外交措施，阻止巴尔干国家与土耳其决裂，但已为时太晚。

在巴尔干国家紧锣密鼓地布置反土联盟的时候，奥斯曼帝国统治下的阿尔巴尼亚的贾科瓦地区突然在1912年4月发生了起义，并在5月蔓延到科索沃、6月蔓延到阿尔巴尼亚全境。7月17日，在阿尔巴尼亚起义者进攻普里什蒂纳城的时候，土耳其“青年土耳其党”内阁辞职了。8月12日，阿尔巴尼亚起义者进入塞尔维亚故都斯科普里城。眼看阿尔巴尼亚独立在即，黑山王国决定抢先动手。10月8日，即俄奥外长达成阻止巴尔干战争共识的翌日，黑山以“调整边界”的名义向奥斯曼帝国宣战。

黑山一经宣战，其他三国立即向土耳其发出了只许有一种答复的最后通牒，即要求土耳其将《柏林和约》的第23条（在马其顿实施根本性的变革）付诸实施。10月17日，土耳其对黑山、保加利亚和塞尔维亚宣战，并希望希腊保持中立。但希腊首相觊觎马其顿，就履行了对保加利亚的义务，在10月19日对土耳其宣战。一位法国外交官对此的评论一针见血：“在东方问题的历史中，小国首次获得像列强那样独立（行动）的地位。它们觉得完全没有列强也能行动，甚至控制列强。”

黑山军队人数虽少，但是，在历史上打败土耳其人却不下数十次。它那支35600人的军队（126门大炮）组成了4个师，每个师有3个旅，军队总指挥是尼古拉国王本人，由总参谋长拉扎罗维奇襄助。黑山军队的主攻目标是斯库台湖南岸的斯库台城及其巨大的土军要塞，次攻方向是北边的新帕扎尔州，尤其是1880年被迫放弃给土耳其（以换取南方海岸线）的佩奇和普拉夫等地。黑山部队在次攻方向上进展顺利，主攻部队却被阻拦在斯库台城下，迟迟不能攻克该城。

塞尔维亚王国陆军有23万人和230门大炮，组成了10个步兵师、2个独立旅和1个骑兵师，总司令是军事方面卓有阅历的前陆军大臣拉多米尔·普特尼克将军。其具体编制如下：

第1军司令是亚历山大王储，下辖5个步兵师和1个骑兵师，总兵力13.2万人，配备148门大炮和100挺机枪。该军是塞尔维亚的主攻力量，他们将在土军集中起强大兵力之前抢先进入马其顿，在斯科普里北边的奥夫奇平原与当地土军进行决定性的决战，占领马其顿。

第2军司令是斯捷潘·斯捷潘诺维奇将军，该军由1个塞尔维亚师和1个保加利亚师组成，总兵力7.4万人，部署在第1军的东边，负责攻击土军右翼。

第3军由博日达尔·扬科维奇将军指挥，下辖4个步兵师和1个步兵旅，总兵力7.6万人。该军部署在第1军的西边，与黑山军队一同进攻新帕扎尔州，并收复科索沃。

10月18日，塞军进入奥斯曼帝国境内，沿着瓦达河谷向前推进。根据德国军事顾问长期担任塞尔维亚首相的尼古拉·帕西奇（1845~1926）。

冯·德·戈尔茨的计划，马其顿境内的土军应当原地固守，或者撤至阿尔巴尼亚境内，决定性的战役将在色雷斯地区与（巴尔干诸国中最强大的）保加利亚军队展开。但是，新上任的土耳其陆军总司令纳齐姆帕夏决定在马其顿对塞尔维亚人展开攻势，希望以此震慑住巴尔干联军，以等待列强干涉调停。马其顿境内的土耳其守军——瓦达集团军有第5、第6和第7军团，开战后只动员了半数兵力（第6军团只征集到6000人），总兵力为6.5万人，只相当于塞军的一半。但是，他们有164门大炮和104挺机枪，在火力上并不弱。

10月23日清晨，在一片大雾中，塞军第1军与土军第7军团在斯科普里东北的库马诺沃遭遇。该城位于瓦达河谷通往平原地区的要道，地理位置十分重要。塞军第一多瑙师透过大雾察觉到土军第17师的移动，误以为他们是正在撤退的土军炮兵，于是派出一个团，试图俘获大炮，结果被土军打退。土军司令宰齐帕夏反过来又误认为塞军在这一翼的力量薄弱，于是在中午时分命令第6和第7军团发起攻击。但是，塞军第一莫拉瓦师正好到达这里，并及时将兵力展开，土军的进攻在塞军炮火猛烈轰炸下被击败。

塞尔维亚第1军的其余3个师——第2多瑙师、第1德里纳师和第1提莫克师——在后方，没有参加23日的战役。他们在次日出现在战场上，从左、中、右3个方向对土军展开了夹击。宰齐帕夏没有料到塞军的兵力超过自己几倍，遭到当头猛击。当天清晨，塞尔维亚第3军攻克普里什蒂纳并向斯科普里挺进的消息传到土军阵营中，土军右翼的于斯屈布师率先擅自逃离战场。早上6时，土军第7军团在第1德里纳师和第2多瑙师的夹击下溃败。上午9点半，第1提莫克师在正面对土军发动了最后攻击，土军的莫那斯提尔师（这个师的许多军官还是土耳其国父凯末尔的母校莫那斯提尔军校没有毕业的学生）在11点开始败退，土军战线被彻底击垮。下午3点，第1莫拉瓦师进入库马诺沃城。

库马诺沃战役中，土军损失了4500人（其中1200人阵亡）和94门大炮，塞军损失4564人。塞尔维亚方面虽然赢得了胜利，但由于在战役前没有制订清晰的计划，因此让土军得以逃脱，失去了全歼瓦达集团军的可能。10月26日，斯蒂芬·杜尚的故都、居民几乎全为斯拉夫人的斯科普里城不战而降。

西边的塞尔维亚第3军在10月22日进入普里什蒂纳，然后转而向东，满怀敬畏地踏上了黑鸟坪的土地。塞军官兵们都感觉到，他们的祖先们，那些5个世纪以前在这块土地上战斗和牺牲的人们，正在注视着他们，期望他们也会在脚下的这块土地上战斗、牺牲。士兵们走过战场时，都脱下了靴子，生怕惊动了长眠在地下的昔日英烈。

夺取科索沃之后，塞尔维亚第3军的第2莫拉瓦师被并入第1军，其余部队向西开进阿尔巴尼亚，攻克了都拉斯和地拉那，直捣亚得里亚海岸，准备在希孔比河畔与希腊军队会师——根据两国的协议，这条河将变成塞尔维亚和希腊的国界。至于塞尔维亚第2军，它同保加利亚军队一同作战，一直打到了阿德里安堡。

1912年12月4日，奥斯曼帝国同巴尔干各国缔结了停战协定，此时它在欧洲的残余势力已经烟消云散，几乎完全被赶出欧洲，只是在君士坦丁堡附近以及被黑山军队包围圈越缩越紧的斯库台城周围，还保有两块土地（斯库台在翌年4月投降）。甚至连阿尔巴尼亚未被占领的另一小块三角形领土，也宣告成立了独立的“阿尔巴尼亚国”。

1913年5月30日，巴尔干国家与土耳其在伦敦签订和约。埃内兹到米迪亚一线以西的全部土耳其领土，除阿尔巴尼亚外，均割让给巴尔干同盟国家。这场战争不仅击破了土耳其帝国的武装部队，而且也击破了奥地利的“东进”之梦。后者只得到了一点点补偿：奥匈帝国和意大利都不愿意看到阿尔巴尼亚被塞尔维亚和希腊瓜分，因此建议成立一个中立的阿尔巴尼亚独立国家。它要置于英、法、德、奥、俄、土六大国的保证和监督之下，选出一位公爵（最后选出了德国的小诸侯威廉·维德王子）来治理。塞尔维亚

在塞尔维亚军队中享有崇高声望的拉多米尔·普特尼克元帅（1847~1917）。

的出海口因此再次被堵塞。

《伦敦和约》没有划分巴尔干盟国之间的边界线，于是很快在相关各国间引起了争执。保加利亚根据头一年3月的塞保秘密条约，要求获得已为塞军占领的奥赫里德和比托拉地区。塞尔维亚无意退让，它声称保加利亚在战争中并未全部实现它对两国军事协定所承担的义务，同时由于阿尔巴尼亚的独立，塞尔维亚失去了出海口。它与爱琴海之间原来就隔着一条希腊领土，不愿再加上一条保加利亚领土，把自己同爱琴海进一步隔开。

与此同时，保加利亚对希腊“抢走”了萨洛尼卡感到愤怒，罗马尼亚则对保加利亚的南多布罗加提出了领土要求。随着时间的推移，各国间的口头论战变为公开的敌对行动。1913年6月3日，保加利亚国王斐迪南一世下令，攻打占领马其顿的希腊和塞尔维亚军队。第二次巴尔干战争就此开始，刚刚才打败奥斯曼军队的巴尔干国家立刻又在第二次巴尔干战争中兵戎相见。

战争一打响，保加利亚第1、3、4、5军就向马其顿的塞尔维亚驻军发起进攻，第2军则进攻萨洛尼卡的希腊部队。塞、希两国的军队对这一袭击早有预料，很快转入攻势。紧接着，黑山、罗马尼亚和土耳其也卷入了对保加利亚的战争。各方的正规军都以残暴的方式对待对方的平民，特别是在马其顿、科索沃和黑山地区。

虽然保军在战争爆发之后击退了塞军和希军的进攻，甚至还取得了一些胜利，但罗军却在7月10日入侵并很快占领了保加利亚北部，威胁着索非亚。土耳其也夺回了色雷斯东部和亚德里安堡，并继续向西挺进。罗土两军都没有很大伤亡，不过由于天气炎热，在其部队中都暴发了霍乱，因此当保加利亚在7月31日提出停战请求时，先是罗马尼亚和土耳其，然后是另外三国，都很快同意了这一要求。

1913年8月在布加勒斯特签订的和约给保加利亚人留下的补偿少得可怜。塞尔维亚和希腊瓜分了马其顿的大部分地区，塞尔维亚获得了其北部和中部，并且同黑山瓜分了新帕扎尔州。黑山的领土从9900平方公里扩展到16000平方公里，人口增加了一倍，达50万，塞尔维亚的领土也扩充了一倍，人口增加了100万，还收复了古代的都城斯科普里和神圣的科索沃。

塞尔维亚在整个19世纪经历了如此之多的苦难后，终于赢得了对土耳其人的胜利。这在奥匈帝国境内——不仅在塞尔维亚族居住的波斯尼亚、黑塞哥维那和伏伊伏丁那，而且在克罗地亚、达尔马提亚和斯洛文尼亚——全部斯拉夫人当中激起了欢庆之情，只能用“欣喜若狂”来形容。许多人早已厌倦了哈布斯堡王朝和跋扈的匈牙利贵族的统治。他们如今感觉到，全体南斯拉夫人的前途，全都寄托在贝尔格莱德身上。其他的少数民族，比如波兰人、捷克人、斯洛伐克人和鲁塞尼亚人，也日益不安宁，要求奥匈帝国给他们独立。

塞尔维亚在两次巴尔干战争中的胜利令奥匈帝国极为沮丧。不仅东进的道路从此堵绝，而且其境内的斯拉夫人问题变得更为紧张。把塞尔维亚这个阻挡他们向东方进军道路的国家一劳永逸地永久清除，如今成了维也纳和布达佩斯的公开政策，并且得到了柏林的支持。这时奥匈帝国已经取代了奥斯曼帝国，充当着“欧洲病夫”的角色。这个双重的二元君主国还能维持多久，是巴尔干战争结束之后最令人关切的问题。在柏林，人们也怀着巨大的忧虑提出了这个问题。奥匈帝国是德国唯一的可靠同盟者，俄国这个法国的盟国正日益上升为斯拉夫人（特别是塞尔维亚人）的唯一保护者，而法国又是德国的死敌。维也纳任何遏制塞尔维亚继续壮大的企图都会使法俄同盟迅速采取行动，就像德皇威廉二世在1912年12月所说的那样，爆发日耳曼人（德奥）与斯拉夫人的决战。“高卢人”和“盎格鲁撒克逊人”都将站在斯拉夫人一边作战。

1912年12月8日，德皇将他最亲信的军事顾问召集起来，举行了一次具有重大意义

1914年夏天的贝尔格莱德。这是欧洲最古老的城市之一，其历史可上溯至公元前6000年。从公元纪年开始，该城平均每37年便会遭受某种形式的攻击，可谓命运多舛。斯拉夫人大约在630年来到这里。它的名字（意为“白色城堡”）定于878年，当时它尚属于保加利亚第一帝国。这是从萨瓦河对面拍摄的，当时河对岸即属奥匈帝国领土。

的“作战会议”。威廉二世宣布会议开始，讲了以下这番话：维也纳在第一次巴尔干战争停火之后，必须坚决地对塞尔维亚采取行动，为的是不失去对哈布斯堡帝国境内塞族人的控制。这对于在座的总参谋长小毛奇来说，就是立即发动无论如何也不可避免的战争，“越快越好”。同样出席了会议的提尔皮茨深知他的舰队还没有准备好，于是提出反对。他说，至少要等到1914年夏天才能发动战争，届时北海与波罗的海之间的威廉皇帝运河（基尔运河）将被扩宽，大型战舰可以在这两片海域之间来回进退。小毛奇蔑视地说，再过18个月海军照样没有做好准备，依旧不准备参战。等到那时，军队早已处于不利局势之下了，因为敌人更快地扩充军备，速度比德国快，而且柏林又没有钱来提高军费开支。小毛奇所要求的大规模战争并没有在1912年或1913年爆发，这是众所周知的。显然，“作战会议”的参加者说服了他，作出在1914年夏天发动战争的决定。届时奥匈陆军元帅康拉德·冯·赫岑道夫伯爵（1852~1925），1906年起任奥军总参谋长，是“一战”前期奥军实际上的最高统帅，1917年被新皇帝卡尔一世解职。

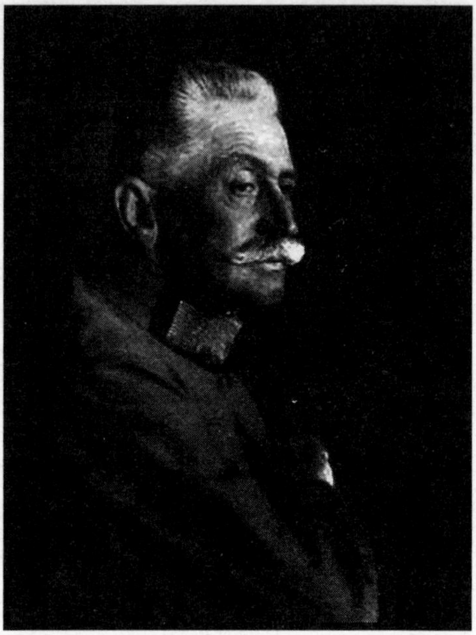

德国将从军事上、士气上和战略资源储备上为此做好准备。

巴尔干战争结束后，塞尔维亚“黑手会”的活动就日甚猖獗。1913年10月，其头目德拉古廷·迪米特里耶维奇和塞尔维亚军事情报部门的其他军官就唆使总参谋部，向奥地利保护下的阿尔巴尼亚一部分领土出兵。柏林向贝尔格莱德发出最后通牒，俄国也坚决要求塞军后撤。在这之后，塞尔维亚为了获得出海口，曾在1913～1914年两度谋求与黑山合并，但也被奥地利以最后通牒击退。奥匈帝国坚决反对这一合并，并且威胁说，必要时不惜诉诸战争。

另一方面，奥斯曼帝国衰落（在巴尔干战争之前早已开始，而在这场战争之后尤为醒目）在巴尔干半岛所造成的权力真空，使得俄国像奥匈一样开始在当地寻找盟友和代理人，结果也被拖入当地混乱的政治局势中。更糟的是，俄国外交大臣萨松诺夫缺少政治判断力，时常低估其盟友的军事和外交技巧。在第二次巴尔干战争结束后的一年间，俄国外交官和塞尔维亚“黑手会”煽动敌视奥匈帝国的活动之激烈，无论俄国外交部还是塞尔维亚政府都无法控制，到1914年夏天，终于逼使欧洲列强开战。而俾斯麦早在10年前就对此做出过预言：“迟早总会有一个巴尔干的蠢货挑起一场欧洲大战。”

在1914年春天，塞尔维亚激进党内阁和“黑手会”之间发生了重大的冲突。巴尔干战争结束后，“黑手会”中的军人成员日益飞扬跋扈，无法无天，强硬的帕西奇首相则毫不犹豫地进行压制。当年4月，在斯科普里举行复活节庆祝仪式时，“黑手会”创始人之一波波维奇将军要求坐在当地行政官的上首。帕西奇解除了波波维奇的职务，其军中同僚却立即选举他担任贝尔格莱德军官俱乐部的主席。帕西奇毫不示弱，命令警察查封

弗朗茨·斐迪南大公（1863~1914）和妻子索菲女大公（1868~1914）。斐迪南是弗朗茨·约瑟夫皇帝的侄子，由于继承了表兄摩德纳公爵弗朗西斯五世的遗产，成为奥匈帝国最富有的人之一，热衷于旅游、格斗和打猎（他一生中打死过5000头鹿）。弗朗茨·约瑟夫皇帝的独生子鲁道夫在1889年自杀之后，斐迪南成为哈布斯堡帝国的继承人。他长期居住在波希米亚，对奥匈帝国境内的斯拉夫人怀有同情，倾向于给他们更多的自治权利，因此为维也纳的泛日耳曼主义者——尤其是总参谋长康拉德·冯·赫岑道夫伯爵——所憎恶。由于经常替捷克人、克罗地亚人和塞尔维亚人申诉，以及婚姻问题，他与皇帝的关系也并不好。索菲女大公是波希米亚贵族肖泰克-沃伊宁伯爵的女儿，曾为特申公爵弗里德里希大公的夫人当过侍女。1895年，她在布拉格的一次舞会上与大公相识并相爱。索菲尽管出身贵族，但没有皇室血统，这在等级森严的欧洲皇室中属于贵贱通婚，因此斐迪南的结婚请求被弗朗茨·约瑟夫皇帝拒绝。德皇威廉二世、沙皇尼古拉二世和教皇利奥十三世都为大公求情，最后皇帝终于在1899年同意两人结婚，条件是索菲所生的孩子没有皇位继承权。索菲后来被授予霍亨堡女公爵的头衔。他们一共有三个孩子，长女索菲·冯·霍亨堡直到1990年才去世。

该俱乐部。到了次月，军方报纸开始发出不祥的叫嚣，回顾1903年军队如何“将塞尔维亚从暴政中拯救出来”。国王彼得一世最初采取中立，但在巴尔干战争中的传奇英雄、群众当做偶像崇拜的普特尼克（新近晋升为“伏伊伏达”，即元帅）威胁要辞去总司令职务时，国王倒向了军队一边，激进党内阁被迫下台。不过，国王却遭到王储亚历山大的反对，他怀疑“黑手会”有实行共和的野心。在王储和俄国公使的双重压力下，国王在当年6月让位于王储，自己则归隐乡村。普特尼克元帅也因“健康不佳”出国到奥地利的某处矿泉疗养胜地休养去了。帕西奇获得了胜利，得以重新执政。6月24日，塞尔维亚国会被解散，宣布8月初举行选举。5月26日在贝尔格莱德，“黑手会”的特务同“青年波斯尼亚党”的一群激进青年碰头，向他们提供了一批武器，都是克拉古耶瓦茨的塞尔维亚王家兵工厂生产的。这些刺客在5月28日乘船离开贝尔格莱德，沿萨瓦河前往波斯尼亚边界，准备在那里偷越国境。

1914年6月28日，在乐观的气氛中开始了一天的生活。奥地利皇储和匈牙利王储斐迪南大公在当天抵达萨拉热窝。弗朗茨 · 约瑟夫皇帝的独生子鲁道夫在1889年自杀后，这位皇侄成为哈布斯堡帝国的继承人。人们都知道，他对奥匈帝国境内的斯拉夫人怀有同萨拉热窝暗杀事件的著名照片。通常认为图中右起第二人（被两名警察控制者）是普林西普，但也有不同的看法。左侧是一名愤怒的萨拉热窝市民，想去揍那名刺客，被警察拦了下来。与以往国内历史书中宣传的不同，在当时的波斯尼亚人中，除了一小撮塞尔维亚沙文主义分子外，对这次刺杀事件都极其愤慨，视之为塞尔维亚外来者对波斯尼亚的冒犯。

情，倾向于给他们更多的自治权利；人们都知道，由于经常替捷克人、克罗地亚人和塞尔维亚人申诉，以及娶了一位波希米亚伯爵的女儿为妻，他与皇帝的关系并不好；人们都知道，他为维也纳的泛日耳曼主义者——尤其是总参谋长康拉德·冯·赫岑道夫伯爵所憎恶。

不过，斐迪南大公还身兼奥匈陆军军事总监的职位。当年6月，波斯尼亚-黑塞哥维那总督奥斯卡·波提沃雷克邀请他，出席在其境内举行的军事演习。4年前皇帝来波斯尼亚的时候，有大批保安人员护卫，但斐迪南大公执意要把这次出访变为“亲善访问”，因此保安措施并不严密——尽管人们已经考虑到暗杀的危险。赫岑道夫伯爵对这种保安不足的情况也十分满意。还有一小群波斯尼亚的塞尔维亚人对此也很满意。他们不知道斐迪南是亲斯拉夫人的，即使知道了也会不以为然。斐迪南的身份和地位，而不是他的政治立场，使得他成为塞尔维亚敌人的象征。能刺杀弗朗茨·约瑟夫皇帝当然更好，不

1. 2. 普林西普刺杀斐迪南大公的地点——拉丁桥。图1为1913年萨拉热窝风景明信片中的拉丁桥，图2为该桥在2005年的现状。

1. 斐迪南大公在萨拉热窝乘坐的汽车——1911年生产的“格拉夫-施蒂夫特”敞篷轿车。

2. 斐迪南大公的染血军服。

3. 斐迪南大公和索菲女大公的葬礼，维也纳霍夫堡宫。

过，这个二号目标也足以使西方人关注他们的政治主张了。

6月初，塞尔维亚首相帕西奇从军事情报部提交的一份很长的备忘录里嗅出了不对劲，他似乎曾通过波斯尼亚的塞族领袖来阻止刺客执行其计划，但是，他的行动犹豫不决。塞尔维亚驻奥地利公使曾温和地建议大公取消这次访问，但是他强调这只是他的个人意见，在谈到危险时，也只是笼统地说了一些“无政府主义者”之类的话。

28日上午，斐迪南大公和妻子乘火车从演习地附近的伊利扎温泉抵达萨拉热窝，然后乘汽车从火车站前往议会大厦。

在夹道欢迎的人群中至少有7名刺客。但是，对大公的第一次暗杀企图并未成功。10点10分，在穆斯塔尔咖啡馆门前，刺客涅德里科 · 加布里诺维奇扔出炸弹，被大公下意识地抬起手臂挡飞，落到他和妻子乘坐的敞篷轿车的折叠顶篷上，接着又从那里弹到马路上爆炸了。司机立即做出反应，加足马力向前开，所以只有几个看热闹的人和后面一辆车里的乘客受了伤。皇储和妻子平安抵达议会大厦。投炸弹者加布里诺维奇吞下氰化物药丸，然后跳入身边的河中。不幸的是，药丸年久失效了，他被周围的愤怒群众从河中捞了出来，遭到拳打脚踢，直到警察把他救下。他的同伙，除了加夫里洛 · 普林西

普之外，都绝望了。普林西普来到一家熟食店，买了一个三明治。他决定当天继续在街上观望，只要大公在公众中露面，就寻机刺杀他。

人们担忧会有新的暗杀活动，但在议会大厦的招待活动从外表看依然按计划进行。活动结束后，这伙贵宾按计划要出席一座新博物馆的开幕式。但是当斐迪南大公得知，好几名当地老百姓被炸弹炸伤而住进当地的医院时，他决定去探望这些伤员。轿车的司机没有得到变更活动安排的通知，也不知道到医院怎么走，于是在经过拉丁桥时错误地拐了一个弯，往右拐到了弗朗茨·约瑟夫大街上。随行的波提沃雷克发觉走错了路，让他停车。司机往回倒车时，站在路旁人群中的普林西普看到自己动手的机会已到来。他一步跃到车前，在距离一米半的位置开了两枪。第一发子弹射入索菲女大公的腹部（普林西普后来说，他本来是要打死波提沃雷克总督的，不幸打中了大公夫人，他很抱歉）。第二枚子弹穿过斐迪南的颈静脉。

司机利奥波德·洛伊卡见雇主受伤（他是来自波希米亚的捷克人，受雇于大公已有许多年），连忙将车开往总督府，准备实施急救。在车上，奄奄一息的斐迪南对妻子说：“亲爱的索菲，亲爱的索菲，你不能死，你要为我们的孩子活着！”坐在旁边的总督副官

1. 波斯尼亚当局对萨拉热窝暗杀事件相关人犯的审讯。

2. 奥托·波提奥雷克将军（1853~1933），1911~1914年任波斯尼亚总督，“一战”爆发后指挥巴尔干集团军群，结果因作战失利而被解职。

询问伤情，大公又有气无力地嘟囔了几次“我没事”，便失去了知觉。在总督府邸门口，斐迪南大公发出一阵临终抽搐，咽了气。10分钟后，索菲女大公也死去。

斐迪南大公咽气后，利奥波德·洛伊卡跑到萨拉热窝电报局，发出了三封电报：一份给弗朗茨·约瑟夫皇帝，一封给德皇威廉二世，一封发给大公的子女。弗朗茨·约瑟夫皇帝在1916年驾崩后，继位的卡尔一世（斐迪南大公的侄子）赐予洛伊卡40万克朗，作为他为大公服务多年以及最终失去司机工作的报酬。这笔赏赐引起了后来某些“阴谋论”的猜测。洛伊卡用这笔钱在波希米亚的布鲁诺买下一家餐馆，经常向光顾这里的顾客展示萨拉热窝刺杀案的遗物：斐迪南大公一副血迹斑斑的裤子吊带，以及索菲女大公的一只金手镯。

6月29日，“联合力量”号奉命离开波拉，驶往达尔马提亚海滨的偏僻小港普洛切。皇储及索菲女大公的灵柩在那里被运上了船。7月3日，在维也纳霍夫堡宫的教堂中为大公及其妻子举行了葬礼，他们的遗体安葬在下奥地利的阿特斯特滕宫。

刺客普林西普和所有牵涉到萨拉热窝刺杀阴谋中的塞尔维亚刺客全被波斯尼亚警方逮捕。在他们混入萨拉热窝这一路上向其提供过住宿和食物的农民也被逮捕。刺杀小组的领导人达尼洛·伊利奇、把武器偷运进波斯尼亚的维利科·库布里诺维奇以及塞尔维亚“国防协会”特务米哈伊·约万诺维奇均被判处绞刑（1915年2月3日行刑）。另两名死刑犯被弗朗茨·约瑟夫皇帝赦免，减为20年有期徒刑。普林西普和扔炸弹的加布里诺维奇，由于作案时未满21岁的成人年龄——“黑手会”的老成员正是出于这种考虑，才躲在幕后，让年轻成员动手——因此被判处20年有期徒刑。1918年4月28日，普林西普在波希米亚的特雷辛施塔特要塞监狱（这里在“二战”中成为臭名昭著的纳粹集中营）死于肺结核和贫血症。

1916～1917年，奥匈帝国秘密地向法国试探媾和，同时也向在希腊萨洛尼卡的塞尔维亚流亡政府试探和平条件。塞尔维亚王储亚历山大和流亡首相帕西奇向奥皇卡尔一世派去了密使，后者允诺恢复塞尔维亚王国的版图，条件是不得再挑拨奥匈境内的塞族人生事。帕西奇借机解决掉令人头疼的“黑手会”，以向奥匈证明己方的诚意。1917年3月15日，在萨洛尼卡的塞尔维亚军事法庭逮捕了“黑手会”头目德拉古廷·迪米特里耶维奇上校，以及追随他的军官。5月23日，迪米特里耶维奇和他的8名亲信被判处死刑，亚历山大王储批准了其中6人的死刑判决。在这6个人里，有3人是萨拉热窝刺杀案的策划者。1917年6月26日，迪米特里耶维奇上校被塞尔维亚陆军行刑队枪决，事前还让他支付了70第纳尔的审判费和证人费——身受巴尔干传统教育的帕西奇在使用谋杀或其他手段消灭政治对手这方面，一点都不感到难为情。这一点，他像极了70年后塞尔维亚的另一位领导人——卡拉季奇。两人同样狂热、危险、顽固、不宽容，热爱“大塞尔维亚”，在同僚中很少受到信任，在民众当中却备受推崇。

普林西普在萨拉热窝居住过的房屋在第一次世界大战中被毁。南斯拉夫王国成立后将其重建，并改为博物馆。第二次世界大战期间，“克罗地亚独立国”的法西斯政权又将其拆毁，随后它又被社会主义南斯拉夫重建。20世纪90年代南斯拉夫解体后，深受大塞尔维亚沙文主义之苦的波黑共和国政府第三次摧毁了这座房屋，并宣布永不复建。萨拉热窝城中的另一座普林西普博物馆改成了斐迪南大公和奥匈帝国纪念馆。而拉丁桥上用水泥铸造的普林西普脚印纪念雕塑，也在塞军包围并炮轰萨拉热窝时被该城居民永久清除了。波黑当局后来在刺杀地点树起了一块木牌，上面用波斯尼亚

"一战"爆发后应征入伍的塞尔维亚士兵。注意其脚上形状独特的军靴。

文、塞尔维亚文和英文写道："唯愿世界和平。"

塞尔维亚战役

当皇储被谋杀的骇人消息传到维也纳时，立刻响起了报复的呼声。无论斐迪南大公生前多么被奥匈军方所厌恶，他的死终于让主战派有了消灭塞尔维亚的借口。奥匈帝国总参谋长康拉德·冯·赫岑道夫伯爵在他的日记里厚颜无耻地写道，这桩谋杀案是"上帝的恩赐，或者是来自战神的礼物"。奥匈总参谋部的好战分子开始和德国的同僚凑到一起，准备同贝尔格莱德"算总账"。

7月23日，奥匈帝国向塞尔维亚发出了包含10项要求的最后通牒，要求在7月26日之前答复。奥匈帝国指责刺杀行动由贝尔格莱德策划。毫无疑问，萨拉热窝的刺客及其同谋是战争爆发后迅速集结起来的塞尔维亚国民卫队。

塞尔维亚军官和革命者，塞尔维亚政府对于这一阴谋虽有觉察，但对罪行本身并不负有任何责任。无论如何，塞尔维亚已经由于两次巴尔干战争而筋疲力尽，马上再卷入另一场战争很难说对它有什么好处。尽管这样，最后通牒的第1条还是蛮横地要求，塞尔维亚政府承认自己是“旨在使奥匈君主国的部分领土脱离君主国的颠覆性运动”的组成部分。

最后通牒的其他内容还要求塞尔维亚：取缔国内鼓吹敌视奥匈帝国的出版物；解散“国防协会”和其他类似组织并没收其财产；在公共教育中取消反奥匈君主国的宣传；免去公开敌视奥匈的文职官员和军官的职务，奥匈方面拥有指名要求罢免的权力；镇压危害奥匈领土完整性的民族运动；奥匈官员在塞尔维亚境内参加对暗杀阴谋的侦破活动；立即逮捕已查明同谋杀有牵连的坦克西奇少校和日甘诺维奇少校；加强边境警卫，阻止向奥匈境内运送武器和爆炸物；为塞尔维亚高官发表过的反奥匈言论做出解释；及时向奥匈通报以上要求的完成进度。

这个最后通牒实际上是要求塞尔维亚放弃政治独立，然而帕西奇首相还是忍辱负重地接受了几乎所有的要求，只是拒绝了第6条，即奥匈官员在塞尔维亚境内参加对暗杀阴谋的侦破活动（塞尔维亚本来也打算有保留地接受这一点，但俄国外交官传话说，俄国将毫无保留地支持塞尔维亚，因此塞方答复的内容比最初的草稿强硬了一些）。帕西奇建议将整个问题提交给海牙国际法庭或者列强处理，但是，对于维也纳来说，这个拒绝已经足够了。7月25日，塞尔维亚宣布总动员。7月26日，奥匈驻贝尔格莱德公使向塞尔维亚外交部索取回国护照。在伏伊伏丁那边界，几伙塞尔维亚在乡预备役军人试图越过泰梅什-库宾河，被奥匈边境卫队对空鸣枪吓退。7月28日，奥匈帝国对塞尔维亚王国宣战。8月5日，黑山王国对奥匈帝国宣战。

在3年的时间里，在巴尔干半岛上爆发战争，这已经是第三次了。与头两次不同的是，这第三次巴尔干战争爆发时，德国总参谋部已经认为自己做好了战争准备，因此极力怂恿奥匈总参谋部采取“强硬行动”。一个星期之内，在欧洲各盟国的复杂牵连下，所有列强都卷入了这场纷争，冲突的规模迅速从巴尔干半岛扩大到整个欧洲大陆。

7月29日，多瑙河上的奥匈海军浅水重炮舰开始炮轰贝尔格莱德。翌日，奥匈帝国宣布总动员。在得知射杀索菲女大公的那枚子弹原来是瞄准自己的时候，波斯尼亚-黑塞哥维那总督奥斯卡·波提沃雷克将军陷入了心理学上所谓的“幸存者的愧疚”。他身兼奥匈巴尔干集团军（包括第5和第6军，共27万人）司令一职，于是决定亲自指挥军队同塞尔维亚人作战，为女大公复仇。但是，他犯下了两个重大的错误：首先，他急于在弗朗茨·约瑟夫皇帝的生日（8月18日）前取得一次胜利，尽早使塞尔维亚退出战争，因此在只有一半兵力可投入作战时就急急忙忙地发动了进攻——当时奥匈第6军部署在多山的波斯尼亚南方，没有参加作战；其次，他的主要兵力，即第5和第6军，都部署在波斯尼亚境内，因此只能向东攻入塞尔维亚西部的山区，而不是从平坦的伏伊伏丁那平原向南渡河进攻塞尔维亚北部平原地区。

战争开始时，奥地利人以为可以不费吹灰之力压倒塞尔维亚。康拉德·冯·赫岑道夫命令把第2军的12个师运往塞尔维亚前线，这使得奥匈帝国在加利西亚地区对抗俄军塞尔维亚士兵在校射缴获的奥匈步枪，1915年。

的防线出现了一个缺口。冯·赫岑道夫似乎意识到了这一点，但召回这些军队可能会引起对总参谋部效率的质疑。他决定把第2军放在巴尔干战斗10天，然后调到俄国前线。然而，他毕竟低估了塞尔维亚军队的顽强和英勇，也高估了奥匈帝国铁路系统的运输能力。德国人有高效的铁路系统，因此能在开战后把大量军队运到比利时边境，但匈牙利的铁路系统非常糟糕，火车只能以比自行车稍快一些的速度行驶，而且每列火车只挂了50节车厢，而不是总参谋部在战前预想的100节。火车上没有挂餐车，每6个小时要停下来做一次饭。在一片混乱中，一位火车站长精神崩溃了，他颠倒了铁路信号，致使8列运兵火车耽误了数小时之久，然后开枪自杀了。

8月初，最先抵达南方的奥匈第2军第4师在沙巴茨向南强渡萨瓦河，在塞尔维亚领土的西北角建立了桥头堡。接着，第5军的2个师在8月12日向东渡过德里纳河。塞军总司令普特尼克元帅对奥军的进攻方向感到惊愕，但在确认这是真正的主攻而不是佯攻之后，这种惊愕很快转变为惊喜。他迅速把强大的塞尔维亚第2军（指挥官斯捷潘·斯捷潘诺维奇将军）从贝尔格莱德郊区向西调动，支援兵力相对薄弱的塞尔维亚第3军（司令保罗·斯图尔姆将军），不过后者已经开始挫败奥军的进攻势头。

塞尔维亚第2军是当时战斗力最强的一个军，这并非指它人数最多（兵力最多的是第1军，它仍旧部署在塞尔维亚与匈牙利的界河多瑙河和萨瓦河南岸，阻止对方长驱直入地形平坦的莫拉瓦河谷），而是装备最精良，其士兵普遍20岁出头，在法国军事顾问手下受过良好的训练。

从8月16日到19日，奥第5军的20万兵力对塞第2军的18万人展开了为时4天的猛攻，但是，受阻于采尔山和埃维尔克山上的岩石要塞，伤亡惨重，18500人伤亡，4500人被俘。塞尔维亚第2军阵亡4758人（其中200名军官），11200人受伤。在整个第一次世界大战中，这是协约国取得的第一次胜利。

采尔战役之后，普特尼克元帅受到盟国（尤其是法国）的强大压力，被迫采取攻势。塞尔维亚第1军在萨瓦河发动强渡作战，试图攻占河北岸的塞尔米亚地区（今名斯雷姆，分属塞尔维亚和克罗地亚），结果在渡河时遭到猛烈的火力压制，6000多人阵亡。

康拉德·冯·赫岑道夫没有等到第2军从塞尔维亚战线撤回，就匆匆地伙同德国人在加利西亚向俄军发动了进攻，结果被强大的“俄国蒸汽压路机”击退，于是急忙把第2军调往北方，这就全盘打乱了波提沃雷克将军的作战计划。第2军被调走后，波提沃雷克认为，阻止塞尔维亚人发动进攻的最好方法，还是利用奥匈第5军、第6军主力都集结在波斯尼亚的战略态势，对塞军发动另一次攻势，迫使其撤兵，去保护他们自己的小小祖国。

9月7日，奥匈第5军和第6军渡过德里纳河。第5军最初被塞尔维亚第2军阻挡住，但兵力完好无损的第6军在南方击溃了塞尔维亚第3军的防线，在德里纳河对岸建立了桥头堡。普特尼克元帅派塞尔维亚第2军南下救援，结果奥匈第5军也得以在北边顺利渡河。经过了4天的血腥战斗，奥匈军伤亡11000人，塞军损失与其相当。

德里纳河防线失守后，普特尼克元帅命令第2军和第3军后撤到采尔一带的山区，利用山地工事同奥军展开壕堑战。此令遭到塞军许多高级军官的反对：他们没有足够的重塞军在科卢巴拉河战线的炮兵阵地。

炮、弹药储备和生产能力（只有克拉古耶瓦茨兵工厂一家能够生产炮弹，每天只能生产100发左右），壕堑战只会意味着自己这一方逐渐被消耗殆尽。此外，秋冬季即将来临，塞军的保暖用品也不足。当时塞尔维亚陆军向应征士兵发放的是传统的军鞋，即用皮条编制成的翘头鞋子，在耐寒性和防潮方面比不上奥匈的正规皮靴。不出这些军官所料，塞尔维亚的大炮在壕堑战开始后不到一周便逐渐沉寂下来，而塞方每个师每天因奥匈炮轰而阵亡的士兵不下100人。

在转入壕堑战的头几周里，塞尔维亚的乌日策军（一个加强师）和黑山的桑亚克军（一个师）对波斯尼亚发动了不成功的进攻，接着也很快转入守势。在壕堑战中，塞尔维亚工兵部队首创“地雷战”战术。他们在奥军战壕下挖掘隧道，布好地雷，在奥军离开战壕发动冲锋时引爆。

1914年11月5日，奥匈军队对塞军发动了另一次大规模攻势，塞军有组织地逐步后退到科卢巴拉河。由于第1军损伤惨重（连军长博约维奇都在战斗中受伤），新军长密西奇坚决要求进一步后撤，以给士兵休整的时间。尽管这样做的代价是放弃贝尔格莱德，但考虑到保存有生力量，普特尼克元帅最后还是接受了密西奇的请求。王室和内阁在11月最后一个星期里乘火车离开首都，随行的还有政府文件和国家银行的黄金。12月2日，奥匈军队进入贝尔格莱德。

占领贝尔格莱德后，野心勃勃的波提沃雷克将军准备以整个第5军来攻击塞尔维亚前线右翼的第2军，将其歼灭。他高估了塞第1军的损失，因此放松了对南部战线的防守。12月3日，塞第1军发动反攻，12月5日攻占奥第6军主要阵地苏沃博尔山。波提沃雷克连忙命令第6军撤回到科卢巴拉河对岸。12月12日，塞第2军也在北边发动反攻，奥第5军不得不撤出贝尔格莱德，逃回萨瓦河北岸。在整个塞尔维亚反攻期间，奥军最有战斗力的混合军团被波提沃雷克将军来回调动，在第5军和第6军之间往返多次，两边都需要支援，但两边都没支援上。

科卢巴拉战役是塞军最辉煌的胜利之一，他们以25万人的兵力击退了对方45万人的兵力。在这次战役中，塞尔维亚损失133000人，其中22000人阵亡，92000人受伤，19000人被俘。第1军司令密西奇被提升为元帅。另一方面，奥匈帝国损失高达225000人，其中28000人阵亡，12万人受伤，77000人被俘。波提沃雷克被不光彩地解除了巴尔干集团军总司令的职务，由欧根·斐迪南大公接任。

在接下来的10个月时间里，塞尔维亚战线基本上陷入平静状态。一方面，奥匈帝国在这里损失了25万人，损失之大远远超出其总参谋部的预料。俄军在加利西亚战线发动攻势，使得奥军承受了沉重的压力；意大利也不失时机地对奥匈帝国宣战。因此，第5军和第6军被陆续抽调到加利西亚和意大利边境。另一方面，塞军自开战以来已经损失了17万人，差不多相当于战前常备军兵力总和；再加上当年冬天斑疹伤寒蔓延肆虐，以及军火储备所剩无几，塞尔维亚人也无力再沿多瑙河向上游进攻。

在1915年，欧洲两个强大的集团在东线和西线全部陷入停滞的胶着状态。英法和俄国认为，只有在南方开辟一条新战线，在中欧打开一条道路，才能使军事力量的对比有塞尔维亚裔奥匈元帅斯维托扎尔·博罗耶维奇·冯·博科（1856~1920），1915~1918年指挥伊松佐河前线奥军部队。

利于他们一方。1915年春天，协约国和意大利展开了秘密接触。意大利人虽然不太擅长打仗，但对漫天要价却很在行。他们不仅要求最后几片所谓的“未收复领土”（1861年意大利王国统一后出现的名词，在“一战”时包括马耳他、瑞士的蒂契诺州、法国的萨瓦、尼斯和科西嘉以及奥匈帝国境内的多处领土）——南提罗尔、特伦蒂诺、戈里齐亚、伊斯特里亚和的里雅斯特，而且还要求得到达尔马提亚（借口是这里曾为威尼斯领土），并获得阿尔巴尼亚的发罗拉港和萨塞诺岛。意大利还要求在非洲、亚洲和大洋洲瓜分德国的殖民地，并在小亚细亚的土耳其本土获得大片“势力范围”。

1915年4月26日，协约国与意大利在伦敦签订秘密条约，把意大利人要求的大部分领土都允诺给了他们，其中包括伊斯特里亚和的里雅斯特，包括达尔马提亚的北半部，以及亚得里亚海中绝大多数海岛。比较富庶的阜姆、斯普利特和拉古萨三个港口没有许诺给意大利人。意大利方面坚决要求，绝不可让塞尔维亚人知道《伦敦条约》的内容。然而克罗地亚民族领袖——也是南斯拉夫运动的主要发起人——苏皮洛访问圣彼得堡时，从嘴巴不严的俄国外交大臣萨松诺夫那里得到了事实真相，连忙把它透露给了塞尔维亚首相帕西奇。可以想象，这在贝尔格莱德激起了一场轩然大波。亚历山大王储（他此时已经代父亲摄政）向俄军总司令尼古拉大公提出了超乎激烈的抗议，以致协约国生怕塞尔维亚单独媾和。但是，连“斯拉夫人的兄弟情谊”也没能使意大利在俄国人的压制下作出让步。明摆着的事实是意大利有向奥地利发动进攻的能力，而塞尔维亚没有。

贝尔格莱德街头的塞军士兵，1915年10月。他们脚上穿的是传统的军靴。

可怜又可悲的意大利人！他们猜想《伦敦条约》的种种允诺能一字不差地实现，于是在1915年5月兴高采烈地对奥匈帝国宣了战。事实证明，他们在这一点上难免要失望，因为英法答应划给他们的地区居住着70多万斯洛文尼亚人和克罗地亚人。《伦敦条约》对民族自决原则的违反，势必将在凡尔赛和会上招致美国总统威尔逊的非难，其抨击之严正，远非亚历山大王储或苏皮洛等人的指责所能比拟。

另一方面，与王储不同，帕西奇首相只打算在战后要塞尔维亚居民占大多数的地方，包括波斯尼亚和伏伊伏丁那，而把克罗地亚人和斯洛文尼亚人丢给命运去支配。这就使得奥匈帝国境内的斯拉夫人感情又转向于支持哈布斯堡君主。奥军中的南斯拉夫人知道，他们是为保卫斯拉夫人的疆土而抗击意大利侵略者，于是战斗起来英勇异常。在伊松佐河前线，奥匈总参谋部甚至把部队的最高统帅权交给了塞尔维亚人博罗耶维奇元帅。他虽然信奉东正教，但出身于一个长期以来为哈布斯堡王朝服兵役的伏伊伏丁那边遭到炮轰的贝尔格莱德市区，1915年10月。

屯家族。

意大利参战后，其他巴尔干国家也看到了保加利亚外交大臣托多罗夫所说的“勒索”机会。讨价还价能力不亚于他们的罗马尼亚人和保加利亚人也开始跃跃欲试。布加勒斯特索要特兰西瓦尼亚、布科维纳和巴纳特，这又引起了塞尔维亚的愤懑，因为巴纳特的西部居民几乎全部是塞尔维亚人。保加利亚想得到马其顿的大部分领土，塞尔维亚对此也同样反对。帕西奇首相怒气冲冲地抗议说：“协约国把塞尔维亚人当成像非洲部落似的随意转手卖给他人。”

在整个1915年夏天，胜利属于何方仍然像过去一样不确定。德国和奥匈的总参谋部都急于消除塞尔维亚战线这一隐患，对保加利亚开出了非常具有诱惑力的报价，因此它最终选择站在同盟国这边，并动员了80万人之众，希望获得希腊和塞尔维亚的领土；希腊和罗马尼亚则花了较长的时间观望，才找到有可能最后获胜的那一方。

塞尔维亚军队向亚得里亚海的大撤退，1915年冬天。

1915年9月6日，保加利亚与同盟国签订秘密军事协定，规定在德、奥军队沿多瑙河和萨瓦河一线对塞尔维亚发动攻势之后一星期内，保加利亚攻打塞尔维亚前线的东侧。当月的月底，俄国前线的战斗逐渐平息，马肯森元帅及其副手汉斯·冯·西克特将军开始向南调动军队，载运德奥军队的火车开始缓慢地通过匈牙利南部平原。10月6日，奥军再次炮轰贝尔格莱德，奥匈第3集团军和德国第11集团军开始分头渡过萨瓦河和多瑙河。10月11日，保加利亚也按时向塞尔维亚发动了进攻，其第1军向尼什方向、第2军向斯科普里方向分头推进。

投入塞尔维亚攻势的同盟国军队总兵力达68.2万人，而塞军只有22.5万人，而且装备和弹药严重不足。保第1军在莫拉瓦河战役中重创塞第2军；保第2军则在11月中旬抵达瓦达河谷，占领斯科普里，切断了从塞尔维亚通往希腊萨洛尼卡港的战略铁路。在北方，塞第1军和第3军减员惨重，已无法进行成建制的抵抗，只好分散向南撤退，其中许多部队被奥第3军和第11军包围歼灭，大批塞军士兵成为战俘。

1915年11月下旬，塞尔维亚在科索沃发动了最后一次绝望的攻势，希望向南转移到撤退到希腊萨洛尼卡的塞军部队。

萨洛尼卡，以便和在那里登陆的协约国部队会合。但是，他们在斯科普里北边被保第1军阻挡，后者在攻克了尼什之后便向左转，南下与保第2军会合，缓慢而无情地向海岸线推进。在科索沃战役中，保军共歼灭3万塞军，缴获199门大炮、150辆汽车和大量物资。

科索沃战役失败后，普特尼克元帅下令全面撤退。此时塞军已完全抛弃了重型武器，被分割为4股独立的部队，分头越过边境，冒着大雪撤到阿尔巴尼亚的荒山野岭之中。国王、王储、政府官员和上万名塞尔维亚平民跟他们一起撤退，许多人在路上死于饥饿、寒冷、疾病和同盟国军队（尤其是保加利亚军）的攻击，以及阿尔巴尼亚山地部落匪徒的袭击。在参加撤退的30多万人中，只有15.5万人最终抵达亚得里亚海岸。他们被协约国救上船，送往希腊各岛屿（主要是科孚岛），然后文职人员被送往法国，军人被调往萨洛尼卡防线。这次大撤退场面极其悲惨，甚至在被协约国搭救后，仍有不少塞尔维亚士兵死于体力衰竭。年迈的普特尼克元帅被人抬在担架上才得以撤退，一年后死在法国的医院里。亚历山大王储在科孚岛重建了军队和内阁，之后留在那里担任名义上的塞军最高统帅，名存实亡的塞尔维亚政府也留在那个岛上，直至第一次世界大战停战。

在对奥匈宣战之后，黑山军队在1914年8月炮轰了科托尔港。当年11月，在奥军败于科卢巴拉战役之后，黑山军队和塞尔维亚民兵向波斯尼亚发动了进攻，几乎攻占萨拉热窝。1915年6月，黑山军队对阿尔巴尼亚的斯库台城发动了进攻。阿尔巴尼亚当时并非敌国，但在威廉·维德公爵出逃之后，已陷入无政府状态近一年之久，奥匈、意大利、希腊和土耳其支持的各方力量混战不休。

1915年底，塞尔维亚军队向亚得里亚海大撤退时，6000名黑山士兵在地势险峻的洛夫钦山一带阻击20000名奥军的进攻，抵抗竟长达月余，得到掩护的塞尔维亚人终于平安撤至海边。1916年1月6日至7日，兵力占绝对优势的德奥军队发动莫伊科瓦奇战役，迅速占领了黑山全境，然后紧随黑山和塞尔维亚溃兵进入阿尔巴尼亚境内。黑山国王尼古拉先是搭乘女婿意大利国王提供的驱逐舰逃到意大利，接着流亡法国，在波尔多成立了黑山王国流亡政府。

奥匈帝国占领黑山后，先后任命第47步兵师长冯·威伯瑙少将和海因里希·克拉姆-马丁尼奇伯爵为黑山军事总督，对这个小小的山地王国实行严苛的军事管制。黑山人像过去反抗土耳其人时一样，纷纷逃入山中。奥军驻守城镇和交通要道，不时

1.2. 在奥匈帝国占领塞尔维亚期间，德奥占领军以“间谍”罪名处决和杀害了许多平民。

面临山地游击队的偷袭。塞尔维亚则由奥匈（包括德军）和保加利亚分别实行军事管制。在马其顿地区，保加利亚人推行了措施严厉的“保加尔化”措施，所有姓氏以“维奇”结尾的人都必须改成“夫”或者“斯基”。许多塞尔维亚知识分子、作家和新闻记者被保加利亚行刑队以“煽动暴乱”的罪名枪决——必须公正地说，在这方面，奥匈占领军枪毙的塞尔维亚知识分子也不少，而且他们还强迫塞尔维亚人放弃西里尔字母，改用拉丁字母。

在萨洛尼卡，来自英国、法国、俄国、意大利和塞尔维亚的协约国部队从1916年起维持着一条牢固的防线。理论上讲，他们对中立的希腊王国构成了入侵，但是，亲德的康斯坦丁国王与亲英的维尼齐洛斯首相之间的内讧，使得协约国的政治家们有机可乘。在科孚岛完成休整和重新改编（组成了新的第1军）后，塞尔维亚军队被陆续运至萨洛尼卡，充实协约国的防守力量。他们几乎被德国第11集团军追到爱琴海岸边，但是在1916年11月随同法、意军队向北发动进攻，收复了塞尔维亚西南角的莫那斯提尔城及其周围一小块国土。此后，协约国和同盟国在马其顿南方战线的交战转变为胶着的壕堑战，一边是协约国的291个营，另一边是保加利亚的300个营和德国的10个营。这种对峙局面一直僵持到1918年的秋天。

1918年9月15日，协约国军队在多勃鲁平原击破了同盟国的“巴尔干防线”，攻入塞尔维亚领土，攻占了斯科普里、普里累普、弗累斯等城镇，然后向左迂回到保军背后，大有包围突破点以西的10万保军之势。保军司令部向德国最高统帅部告急，但是正在西线苦战的德军无法分散力量派兵支援。在这种情况下，保军前线部队开始自行从巴尔干防线西段撤退。9月22日和23日，保加利亚军队中爆发了士兵起义，接着在索非亚郊外发生了革命士兵与保守派之间的内战。9月29日，保加利亚代表团在萨洛尼卡签订了停战协议，宣布退出战争。奥匈帝国也急急忙忙向协约国打听停战条件。当年10月，法军和塞军沿着莫拉瓦河谷向北进军，沿途碰到的奥匈军队均已毫无斗志，只有德国的几支部队抵抗了一阵子。11月5日，亚历山大王储和法国东方集团军司令埃斯佩雷元帅并肩骑着白马进入贝尔格莱德城。6天之后，德国也投降了。在这场为时4年的残酷战争中，500万塞尔维亚人和黑山人死了100多万，伤亡率占协约国之首。

混乱中诞生的王国

拿破仑的“伊利里亚省”唤醒了南部斯拉夫人的民族共同感；1912～1913年塞尔维亚在两次巴尔干战争中的胜利，使得克罗地亚举国欢腾。在克罗地亚议会中出现了三派意见。第一派主张和匈牙利继续联合。第二派主张在哈布斯堡君主国内建立一个斯拉夫国家，这个新王国不仅包括达尔马提亚和克罗地亚，还包括北部的斯洛文尼亚和南部的波黑。它将与奥地利帝国和匈牙利王国享有平等地位，从而把奥匈二元帝国变为奥-匈-斯拉夫三元帝国。第三派提出建立一个独立的南斯拉夫国家，把塞尔维亚、黑山和马其顿等南方斯拉夫人的领土也包括进来。

从共同利益来看，三元帝国的方案对克罗地亚较为有利；但从民族感情和语言同一性来看，建立南斯拉夫的理想又较好。正如一个开小差的克罗地亚士官在被奥地利宪兵逮捕时所说：“克罗地亚人总是忠于皇上的，但皇上并不喜欢他们，把他们丢给马扎尔人。这就迫使他们倒向至少是语言相同的塞尔维亚人。”

不过，在奥匈帝国向塞尔维亚宣战的那一天，其境内的绝大多数斯拉夫人还是支持哈布斯堡皇室的。在布拉格，人们挥动着手帕为奔赴前线的波希米亚军团送行。在布鲁诺，“二战”时任捷克斯洛伐克流亡总理的施纳麦克表示，摩拉维亚人将始终不渝地重视“摩拉维亚国家及其高贵的君主”。在克拉科夫，毕苏斯基将军统率的两个波兰旅举行了效忠于弗朗茨·约瑟夫皇帝的宣誓。在萨格勒布，克罗地亚农民党议员们也对“攻打大塞尔维亚沙文主义者之役”表示满意。军士长约瑟普·布罗兹（30年后他成为社会主义南斯拉夫的总统铁托元帅）毫无怨言地随同他所属的克罗地亚步兵团开拔，前往萨瓦河畔的塞尔维亚前线。

1917年俄国革命以及美国的参战，使得帕西奇领导的塞尔维亚激进党分裂为“青年激进党”和“老年激进党”，前者对民主的要求不下于对民族团结与民族平等的要求。当年7月，流亡伦敦的“南斯拉夫人委员会”派代表前往科孚岛，同塞尔维亚流亡政府签署了《科孚岛宣言》，这便是现代南斯拉夫国家的“出生证书”。

这年冬天，由于在伊松佐河前线卡波莱托一役中遭到惨重失败，意大利的政客们变得老实了一些，答应同“南斯拉夫人委员会”进行谈判，允诺战后在边界问题上对南斯拉夫人做出让步。但帕西奇的“老年激进党”顽固地坚持大塞尔维亚思想，拒绝接纳信奉天主教的西方南斯拉夫人，因此意大利人又不老实起来，背弃了对“南斯拉夫人委员会”的承诺，重提履行《伦敦条约》、占领达尔马提亚的要求，令协约国大伤脑筋。

这时，在奥匈帝国境内已经出现即将崩溃的迹象。1918年2月，奥匈舰队中势力强大的克罗地亚水兵在科托尔湾海军基地发动起义，最初是要求改善伙食，但革命家们很快开始在工人和士兵中散发推翻政府的宣传资料。奥匈第5舰队中有40多艘军舰的水兵参加了起义，但被忠于皇室的第三舰队及海岸炮台镇压。800多名水兵被捕，其中4人（1个捷克社会民主党的革命家和3个克罗地亚人）被判处死刑。到1918年秋天，由于食物匮乏、燃料短缺，奥匈帝国整个海岸地区都在酝酿发动起义，大陆上到处都有武装的逃兵组成的“绿军”。

保加利亚在9月底停战后，在克罗地亚、达尔马提亚、斯拉沃尼亚和斯洛文尼亚的各个城镇中都出现了不寻常的现象，士兵们扯下军徽，群众们扯下奥地利帝国的红白红国旗和匈牙利王国的红白绿国旗。这时卡尔皇帝试图宣布成立联邦（由奥地利、捷萨洛尼卡战线的塞军战壕，1916年。

克、斯洛伐克、克罗地亚等独立国家组成），但为时已晚，根本没有人理睬。1918年10月29日，克罗地亚议会宣布，终结克罗地亚–斯拉沃尼亚王国与匈牙利王国长达816年的联合，然后宣布克罗地亚–斯拉沃尼亚、达尔马提亚和阜姆（一度直辖于匈牙利王国）"是一个独立的斯洛文尼亚人、克罗地亚人和塞尔维亚人的民族主权国家的组成部分"。它把新国家的最高权力移交给新成立的"斯洛文尼亚人、克罗地亚人和塞尔维亚人国民议会"。国民议会则宣布希望与塞尔维亚和黑山联合。位于莱巴赫（卢布尔雅那）的卡尼奥拉自治议会以及萨拉热窝的波斯尼亚自治议会也发表类似的声明，保证支持国民议会。

10月31日在维也纳，以社会党人卡尔·伦纳为首的奥地利新政府通过了宣告成立共和国的决议。卡尔皇帝在退位之前正式承认了国民议会，也就是说承认了"斯洛文尼亚人、克罗地亚人和塞尔维亚人的民族主权国家"的独立。当天下午，在波拉港，奥匈海萨洛尼卡前线的塞军防空炮阵地。

军总司令霍尔蒂海军上将奉维也纳的命令，把奥匈帝国的所有海军基地、造船厂、军火库、岸防设施以及全部战舰移交给了国民议会的代表。各舰降下了红白红的奥匈海军旗，军乐队最后一次演奏起《上帝保佑吾皇》的国歌。霍尔蒂海军上将无奈地摇了摇头，于当天下午4时45分离开了他的旗舰"联合力量"号。舰上的德裔和匈牙利裔官兵同他一起离开，返回各自的家乡，一些意大利裔官兵则留了下来。下午5时整，"联合力量"号战列舰上升起了红白蓝三色的克罗地亚–斯拉沃尼亚王国国旗，波拉港的上千名斯拉夫水兵高唱新国歌。"联合力量"号的克罗地亚裔舰长扬科·伍科维奇成为"斯洛文尼亚–克罗地亚–塞尔维亚民族国家"的海军总司令。

萨格勒布国民议会被这份主动送上门来的礼物弄得不知所措，于是向英、法、美、意以及俄国的革命政府拍发外交电报，宣布奥匈舰队现在已被南斯拉夫民族委员会控制，希望他们不要采取敌对行动。此外，国民议会还特地给美国总统威尔逊发去电报，希望美国塞尔维亚王家陆军的侦察飞机，萨洛尼卡前线，1918年。

海军速来波拉港接收舰队。美国海军毫无踪影，代之而来的却是意大利的不速之客。10月31日晚上10点，意大利的MAS−95号鱼雷快艇偷偷地停在了港外，并放下一枚人操鱼雷。在波拉港内一些意大利人的帮助下，意大利海军少校波鲁奇和少尉罗塞蒂驾驶它越过了港口入口处的防波堤和防护网。他们身穿橡胶潜水服和氧气呼吸器，将第一枚炸药筒固定在“联合力量”号水线以下的右舷船壳上，设好定时器。第二枚炸药筒没有设定时间固定在水下了，于是被放到停泊在旁边的“维也纳”号宿舍船上，然后偷偷离开。

11月1日清晨6时10分，“联合力量”号的船腹下传出一声巨响，舰上顿时天摇地动，水兵们慌乱地跑出住舱，跳入海中。“联合力量”号的煤舱是空的，没有煤炭作为缓冲，因此爆炸的威力更大。14分钟后，它就高挂着克罗地亚旗帜，连同伍科维奇舰长和大约350名船员一起沉入了海底。波鲁奇少校和罗塞蒂少尉脱下潜水服，游到岸上，被斯拉夫人扣押，几天后被占领波拉的意大利军队解救，安全回到意大利，获得意王颁发的金质勋章和每人130万里拉的奖金。

1918年10月，塞尔维亚部队收复国土，沿途受到民众的欢迎。

11月3日，意大利军队占领了的里雅斯特，次日占领了阜姆、扎拉和普洛切，在11月5日开入波拉港。意军每到一处，都降下当地的克罗地亚国旗，升起意大利的旗帜。在意军占领波拉之前，刚诞生几天的南斯拉夫海军官兵驾着“拉德茨基”号、“兹林尼”号战列舰和一些小舰，设法逃到了法国军队占领的卡塔罗岛，把军舰交给美国人保管，其余的军舰则落入了意大利手中。

原属匈牙利王国的伏伊伏丁那地区被塞尔维亚军队占领之后，在诺维萨德成立了塞尔维亚人自治议会。11月25日，当地议会投票决定加入塞尔维亚王国。在南方，黑山人也在国王从法国返回之前召开了“黑山塞尔维亚人国民代表大会”，在11月26日宣布与塞尔维亚王国合并。

由于意大利人在奥匈帝国解体后一路高歌猛进，颇有向卢布尔雅那推进并完全吞并斯洛文尼亚之意，因此已经进军到萨格勒布的塞尔维亚前卫部队司令杜尚·西莫维奇上校（他在1941年春天将更加出名）命令部队，加快进军速度，抢在意军之前开进了卢布为了庆祝协约国的胜利，1918年11月，在巴黎协和广场举行了胜利游行，图为参加游行的塞尔维亚部队。

尔雅那城。国民议会深知迅速与塞尔维亚联合起来以阻止意大利人的迫切性，因此向贝尔格莱德派出了请愿团。12月1日晚上，亚历山大摄政王在王宫里接见了国民议会代表，代表其隐退的老父亲，接收了他们奉上的“斯洛文尼亚人、克罗地亚人和塞尔维亚人国家”的最高权力，宣布将这个新国家与他自己的塞尔维亚王国合并。

确定新国家的国名很困难。非塞族人希望称它为“南斯拉夫”，但塞尔维亚人却想要一个能够突出塞尔维亚中心地位的国名。最后宣告成立的是“塞尔维亚人、克罗地亚人和斯洛文尼亚人王国”。一些克罗地亚代表不安地注意到，这三个民族在国名中的排列顺序正好与萨格勒布国民议会相反，塞尔维亚人被排在了最前边。

在意大利的压力下，各协约国政府对新成立的“塞尔维亚人、克罗地亚人和斯洛文尼亚人王国”迟迟不予承认。这个王国的最后边界将由巴黎和会决定。在其内部，帕西奇及其老年激进党内阁从一开始就把过去塞尔维亚王国的那套中央集权政策，强加到克

“联合力量”号的沉没，1918年11月1日。

罗地亚人、斯洛文尼亚人和波斯尼亚人的头上。克罗地亚农民党领袖拉迪奇因为号召成立联邦制共和国而在萨格勒布被塞尔维亚宪兵逮捕。克罗地亚知识分子放弃了对匈牙利人的口伐笔诛，开始转而对抗“塞尔维亚压迫者”。南斯拉夫民族的各个组成部分，就在这种乱哄哄的不祥兆头下联合起来了。

巴黎和会开始时，南斯拉夫人已经从奥匈帝国那里获得了他们想要的绝大多数领土，但它还想得到更多。首先，是其西北边位于旧日克罗地亚-斯拉沃尼亚王国行政区域范围外的梅久穆列和普雷科穆列这两小片土地。这没有问题，因为两地的居民全是克罗地亚人。其次，他们想保住整个伏伊伏丁那地区，包括原属匈牙利的巴纳特、巴奇卡和巴兰尼亚三个州。这就有些过分了，三地的人口包括29%的塞尔维亚人、27.7%的匈牙利人和23.8%的德国人，除此之外还包括罗马尼亚人、斯洛伐克人、鲁辛人（古代克罗地亚人的后代）、布尼耶夫人、索科奇人（两者都是克罗地亚人的分支）、波兰人和乌克兰亚历山大摄政王（左）和密西奇元帅。

人。这个地区的民族分布地图非常漂亮，五颜六色的点彩，偶尔夹杂着大团的色块，但要划出一条完全公正的边界，则是绘图师的噩梦。霍尔蒂海军上将扑灭匈牙利苏维埃共和国后，协约国决定将三角形的伏伊伏丁那切上两刀，西北给匈牙利切去一角，东北给罗马尼亚切去一角，剩下的一大块留给南斯拉夫。

南斯拉夫人要求的第三块领土是奥地利的南部，旧日施蒂里亚和卡林西亚两个公国的一部分，主要是山区，但也有克拉根福这样比较大的城镇。在施蒂里亚，国界沿着语言分界线走，但是在卡林西亚情况比较复杂，城镇居民说德语，而周围的乡村居民大多说斯洛文尼亚语。国际联盟把争议地区分为两个区，1920年在南区的公民投票结果是22025人赞成留在奥地利，14279人赞成加入南斯拉夫。根据此前的登记，有一万多斯洛文尼亚人想必是投了奥地利的票，因此北区（包括克拉根福城）的公民投票就没有举行。

意南边界上的冲突最严重。南斯拉夫人要求取得奥地利的伊斯特里亚省。它的北半部主要是斯洛文尼亚人，而它的里雅斯特城的居民则是意大利人；南半部的伊斯特里亚贝尔格莱德郊外阿瓦拉山上的无名烈士墓，为纪念第一次世界大战的阵亡将士而建。在“一战”中，塞尔维亚和黑山的人口损失了1/5，部队的阵亡率高达26.5%，为交战国之首。

半岛由克罗地亚人、斯洛文尼亚人和意大利人混居。意大利人坚持1915年《伦敦条约》的要求，同时还加上了原属匈牙利、居民全为克罗地亚人的阜姆港。意大利的右翼作家邓南遮在1919年9月率领一小伙身穿斗篷、手拿匕首的人占领了这座城市，宣布成立自己的“意大利卡尔纳罗摄政政权”，协约国对此束手无策。但是邓南遮的胡闹走得太远，竟然闹到对意大利宣战的地步，在1921年被意大利军队赶跑。最后，南斯拉夫放弃对伊斯特里亚的要求，以换取意大利放弃对达尔马提亚的领土要求。不过，意大利还是在达尔马提亚海岸取得了扎拉（克罗地亚人称为扎达尔）这个小小的立足地。至于阜姆地区，城市本身成立了一个由意大利人管理的“自由市”，北边的郊区则划归南斯拉夫。墨索里尼上台后，法西斯分子并不尊重“自由市”这个概念。1924年1月，南斯拉夫无奈地承认意大利对阜姆的吞并。

在南方，南斯拉夫对阿尔巴尼亚、希腊和保加利亚提出了领土要求。阿尔巴尼亚边界做了一些调整，双方交换了若干块土地。相比之下，南斯拉夫这边占的便宜比较多。

保加利亚人在《纳伊和约》中割让了斯特鲁米察、卡里布罗德和博利西格勒三小块土地。这主要是从战略方面考虑，保护贝尔格莱德至萨洛尼卡铁路的安全——保加利亚的非正规部队“科米塔吉”为了显示其爱国主义精神，经常枪击火车。希腊是战胜国，无意放弃它在南马其顿的领土，南斯拉夫只好作罢。

新生的南斯拉夫国家有1200万人口，其中4/5务农为生。其领土面积为247500平方公里，由于连年战乱导致人口减少，全境人口超过10万的城市只有3座。

1921年6月28日维多夫丹节，南斯拉夫国会通过了新宪法，规定王国采取中央集权体制。这部宪法引起克罗地亚人和斯洛文尼亚人的反感，在贝尔格莱德举行庆祝颁发宪法的庆典时，又因发生了谋刺摄政王未遂的事件而大煞风景。企图谋刺的刺客属于年幼的南斯拉夫共产党。由于俄国革命、巴伐利亚和匈牙利苏维埃共和国，以及维也纳工人的马克思主义倾向，共产主义在20世纪初对东南欧的工人阶级颇有吸引力。南共在1919～1920年取得了巨大的成就，在贝尔格莱德、萨格勒布和尼什等城市赢得许多选票，成为议会第三大党。但它承袭了“青年波斯尼亚党”这样一些政治运动的传统。谋刺摄政王之后一个月，颁布制宪诏书的内政大臣被一位年轻的波斯尼亚共产党员刺杀。这就为政府提供了借口，通过了一项严酷的“国家保卫法”，取消了58名共产党议员的资格，迫使南共的活动转入地下。

这样解决了主要的反对派之后，在一些塞尔维亚议员当中出现了更为凶险的议论。有人建议采取君主独裁，有人主张把克罗地亚农民党也宣布为“颠覆性政党”，因为它鼓吹成立一个“和平的人道主义的农民共和国”。农民党领袖拉迪奇被迫逃亡国外。就这样，在诞生后不久，由大塞尔维亚主义者把持的南斯拉夫王国就为自己埋下了此后20年中不断动荡的悲剧导火索。

战争风云

“二战”中的南斯拉夫

“为我保卫南斯拉夫”

“塞尔维亚人、克罗地亚人和斯洛文尼亚人王国”这个名称虽然听起来冗赘松散，但它却是一个高度中央集权的国家。虽然这个南斯拉夫人的统一王国是由塞尔维亚政客和克罗地亚民族主义者共同协商成立的，但是新国家却被掌控在塞尔维亚激进党及其领袖帕西奇首相手里。从1919年新王国成立，到1941年德国人入侵，在这22年的时间里，由非塞尔维亚人担任政府首脑的时间只有5个月（1928年的斯洛文尼亚教士科罗舍茨）。南斯拉夫王国关键性的政府高官、大臣、外交官员和军事指挥官，几乎全是塞尔维亚王国1912年时的原班人马。

作为南斯拉夫王国立国基础的1921年宪法，在表决时有2/5的议员拒绝出席，以示抗议。克罗地亚人和斯洛文尼亚人当时坚决要求实行联邦制，但是归于徒然。克罗地亚民族运动领袖、农民党主席斯蒂芬·拉迪奇流亡国外，回国后又被投入监狱，他的政党也被帕西奇首相解散。1926年帕西奇死后，拉迪奇再度活跃于南斯拉夫政坛，要求“普雷恰尼”地区（曾属于前奥匈帝国的克罗地亚、达尔马提亚、波黑、斯洛文尼亚和伏伊伏丁那诸省）的人联合起来，共同对抗“腐败的贝尔格莱德中央集权政府”。

尔后两年里，克罗地亚议员在国会全力阻挠塞尔维亚人提出的任何议案。1928年6月20日，这场政治争议达到高潮：在贝尔格莱德的斯库普什丁纳（国会）大厦里，来自黑山的议员普尼沙·拉契奇掏出一把手枪，把拉迪奇的侄子和另一名克罗地亚议员当场打死，其他3人受重伤，其中包括拉迪奇本人。凶手是个泛塞尔维亚主义者，跟一些密谋集团有牵连。国王匆匆赶到拉迪奇的病床前探视，从而暂时制止了危机的恶化。但这次危机已经不仅仅是过去10年中南斯拉夫每年要发生两次的那种内阁危机，而是一次影响国家前途的危机。7个星期后拉迪奇最终去世，而凶手又因拥有议员豁免权而被释放。此时，南斯拉夫已经处于分裂的边缘。

总体来说，当时的南斯拉夫分为两个营垒：以塞尔维亚人为一方，以“普雷恰尼”地区的人为另一方，分别以贝尔格莱德和萨格勒布为中心。分裂的根本原因是政治上比较幼稚的塞尔维亚人独占政权，他们不能胜任治理这个比1914年的塞尔维亚突然大了两倍的国家。对于他们来说，战后迅速的领土扩张就意味着应当以强权殖民来施展权威，南斯拉夫国王亚历山大一世与罗马尼亚公主玛丽亚的婚礼，1922年。

派遣宪兵、教师、屯垦退伍军人和税务官前往新征服的偏僻行省。

1920年8月14日，捷克斯洛伐克和南斯拉夫缔结了一项防御同盟条约，规定一旦匈牙利向两国发动进攻，或者哈布斯堡王朝在布达佩斯复辟，盟约立即生效。翌年春天，罗马尼亚也加入了这个盟约。匈牙利的一个新闻记者在他的新闻报道里把这三个邻国轻蔑地称为“小协约国”，结果这个名称被一直延续下来。罗马尼亚是南斯拉夫的友好邻邦——“小协约国”中的一员，情况尚且如此，属于“前敌国”匈牙利的马扎尔人遭遇更不难想见。大地主和大贵族纷纷逃往国境北边，留下来的贫苦匈牙利劳工和农民被限制使用自己的民族语言，在南斯拉夫国会和政府里也没有自己的代表。不过，人口比他们略多的日耳曼人受到的待遇却不那么严厉，这也许是因为在魏玛共和国时期，他们看上去不像马扎尔人那样“危及国家安全”。但是，无论是马扎尔人还是日耳曼人，都没有与塞尔维亚人统治的南斯拉夫国家和解，他们的怨恨终于在第二次世界大战中以特别凶狠的方式发泄出来。

在1928年的那场政治大危机中，同属于塞尔维亚人阵营的还包括波斯尼亚、伏伊伏丁那和克罗地亚的前奥匈帝国塞族臣民。这一阵营的口号是统一：一个国王，一个国家，一个民族。不过，当时的政治阵营划分并不那么简单，在塞尔维亚人阵营里还包括一些认为有利可图而投靠中央权力的机会主义分子。由于具备高超的政治技巧，斯洛文尼亚人在这个国家里获得了高度的自治。这一方面是由于语言上的好运：既然塞尔维亚官员在欺负91%的臣民时，一口漂亮的普通塞尔维亚-克罗地亚语就已经够用，那么，绝不会有哪个塞尔维亚官员会为了欺压剩下的那9%而专门去学习另外一门语言。此外，斯洛文尼亚人在奥地利统治时期就具备较高的教育程度，而且有了一些行政经验，因此在南斯拉夫这样一个居民大半是文盲的国度里，他们经常担任政府或银行的高级职务，所以，斯洛文尼亚人一心一意地支持中央集权制也就不奇怪了。

另一方面，克罗地亚曾经是匈牙利王国的主要工业地区和商业活动中心。南斯拉夫成立之后，塞尔维亚统治者把商业中心从萨格勒布迁到了贝尔格莱德，而且贝尔格莱德政府还向他们征收重税，禁止他们在国家机关中像塞尔维亚人一样担任要职，从而引起了不满。在克罗地亚人的阵营中，还包括南方饱受欺压的马其顿人和阿尔巴尼亚人，以及部分黑山人。他们的口号是：联邦主义，国王只有一个，但形式要像前奥匈帝国那样，分为几个互相联合而又各自独立的国家。至于北方的马扎尔人和日耳曼人，则是望眼欲穿地期盼着回归自己的匈牙利和德意志祖国，根本不愿意继续留在南斯拉夫王国中。

1928年12月，科罗舍茨领导的联合政府倒台，再也找不到愿意出来组建政府的政党或个人。南斯拉夫的国家机器已经停止运转，亚历山大国王认为国家的分裂不可避免。为了挽救政治危局，减少国家分裂带来的苦难，他在1929年元旦那天召见了克罗地亚农民党新任领袖马切克博士和普里比切维奇博士，向他们询问把克罗地亚和斯洛文尼亚从南斯拉夫和平地“切除出去”的意见：像1905年挪威经过友好协商后从瑞典分离出去一样，在王国的中部从北到南划定一条边界，南斯拉夫政府把军队和官员撤到此线以东。这条分界线有些类似1915年协约国对塞尔维亚提出的领土补偿界线，把伏伊伏丁那、波斯尼亚、黑塞哥维那和东南部的半个达尔马提亚留给塞尔维亚，其余原属奥匈帝国的“普雷恰尼地区”（但不包括斯拉沃尼亚最东端的、夹在多瑙河和萨瓦河之间的、一直延伸到贝尔格莱德西郊的斯雷姆地区，因为当地居民全是塞尔维亚人）则任其独立。但是，克罗地亚民族领袖们经过研究认为，克罗地亚人要的是与塞尔维亚人平等的政治权利，而非自己组成一个主权国家。如果“普雷恰尼地区”脱离南斯拉夫，那么除了要面临斯洛文尼亚人的问题外，而且还可能被意大利和匈牙利所瓜分。所以，他们不愿意从南斯拉夫分离出去。国王询问他们的计划，他们告诉国王，将废除中央集权，实施联邦制。

亚历山大国王随后把克罗地亚领袖提出的这个计划提交给塞尔维亚各政党的领袖，但由于后者顽固地拒绝修改宪法，国王只得在1929年1月6日宣布解散国会，废除1921年宪法，并对新闻自由加以限制，一切权力归于国王，由他和日夫科维奇将军为首的内阁部长会议共同掌握行政权——自1913年还是塞尔维亚王储的亚历山大与“黑手会”发生冲突以来，属于“白手会”的这位将军便是他的亲密朋友。

在亚历山大国王看来，废除宪法只是权宜之计，在接下来的短暂时期里，国王将充当国家的托管人，直至各方的感情冲突平息下来为止。但是国会被解散之后新成立的“最高立法会议”毫无立法权，唯一的作用是认可政府颁布的法令。最后，亚历山大在当年10月3日又颁发了改组国家行政体制的法令，南斯拉夫原有的33个专区全部被废除，代之以“巴昂辖区”（省）。全国一共设立了9个巴昂辖区，大多数以河流命名，此外还有一个贝尔格莱德专区。在这个法令里，国家的正式名称也由“塞尔维亚人、克罗地亚人和斯洛文尼亚人王国”变成了“南斯拉夫王国”。

如果说这些独裁法律建立起了一个中央集权的独裁政体，那么以日夫科维奇将军为首的“内阁部长会议”则表明，国王的个人独裁并没有真正摆脱“由塞尔维亚人当霸主”的政策。亚历山大国王倒是试图从各民族挑选人才来组成内阁，但他找的克罗地亚人只是一些无党派的知识分子，既不能影响政府的决策，又不能为克罗地亚民众所接受。因此，克罗地亚人同贝尔格莱德背心离德的状况越发严重。

亚历山大国王统一南斯拉夫各民族的计划有多大的可能获得成功，这一点如今已经难以估量，但是政治上的纷争一直没有阻碍南斯拉夫在经济上的发展。南斯拉夫农业克

“小协约国”领导人会议，1925年。

服了1914～1918年战争的影响，得到显著恢复。由于连年五谷丰登，农产品的产量和出口量连年上升。由于从德国那里得到了作为战争赔款的机器，南斯拉夫的纺织工业也有很大发展。巴黎和会在分配奥匈帝国遗留下来的商船队时，只给南斯拉夫留下了138艘商船，而且多数是小吨位的近海船只，但是到1926年，这个数字却上升了一倍。此外，其旅游业也繁荣起来，前往阳光明媚的达尔马提亚海滨和风景迷人的克罗地亚古城游览的外国游客（主要来自西欧和美国）与日俱增。到1926年，南斯拉夫偿清了它欠美国和英国的战争债务，从而为吸取美英资本创造了有利条件。在整个20年代，南斯拉夫第纳尔与英镑的兑换比率一直固定在275∶1上。

1931年，席卷西方世界的经济危机终于降临到南斯拉夫的头上。在当年的前6个月中，南斯拉夫的进出口减少了25%，贸易收支出现了2.65亿第纳尔的赤字。国家银行的外国信贷全部用尽，尽管法国提供了利率为7%的10亿法郎援助，用来稳定第纳尔的币值，但依旧无法阻挡情况的迅速恶化。当年8月，德国宣布停止偿付赔款，这意味着南斯拉夫将每年减少7亿第纳尔的收入，为此其不得不减少公务员的薪俸与退休金，并提高税收。当年9月，英国放弃金本位，南斯拉夫出现了银行挤兑狂潮，人们争相把手中的存款由纸币换为硬币。农产品价格在国际市场上的暴跌对南斯拉夫的打击也十分严重。在万不得已的情况下，南斯拉夫政府不得不以高于国际市场价格60%的代价将农民的小麦全部收购下来，以免谷贱伤农，但这个做法在执行过程中却带来了灾难。一方面，政府工作人员未能及时储存购入的小麦，导致大量小麦（价值达4亿第纳尔）发生霉变而损毁。另一方面，农民出售小麦得到的不是现金，而是公债券，这些公债不能用来纳税。

1932年开春之后，局势更是雪上加霜。国内广大地区发生水灾，3万多人无家可归。由于缺乏饲料，国内1/4的家畜被宰杀，南斯拉夫停止向国外出口牲畜。当年5月，法国“左派”在选举中获胜。这意味着法国将不再在经济上充当南斯拉夫的后盾。当年春天，政府宣布农民的债务可以延期6个月归还，但后果是各家银行都缩紧了放贷政策，农民发现自己再也无法在春季这个最需要贷款的时候得到贷款。农民破产，无力购买任何东西，导致零售商跟着破产，接着批发商也纷纷破产，最后又波及到制造商和进口商。南斯拉夫在这场世界经济危机中终于大难临头，国家的前途处于风雨飘摇的晦暗不明状态。

在这样一种政治动荡、经济萧条的时期，获得友好的外部环境就显得越发重要。亚历山大国王出访了罗马尼亚、保加利亚、希腊和土耳其等国，改善了与这些国家的关系。1934年2月，南、希、土三国组成了带有共同防御同盟性质的“巴尔干协约国”，目的在于压制日益威胁地区和平的法西斯意大利。与此同时，南斯拉夫还加强了同“小协约国”成员罗马尼亚和捷克的合作，共同抗衡匈牙利和奥地利。

希特勒本人对其他民族的态度，始终同传统的、怀有泛日耳曼主义思想的其他奥地利人的态度相同。因此，他对塞尔维亚人的勇敢无畏不禁怀有一定的钦佩之情，曾经多次用赞赏的口吻谈起塞尔维亚人的尚武品质。而戈林元帅也在去南斯拉夫旅游的时候同亚历山大国王进行过多次友好的交谈。纳粹政府对南斯拉夫表现出来的友好态度掩盖了它对中南欧既存秩序的挑战。1934年5月，南斯拉夫与德国签署了一项贸易条约。对于大萧条之后的南斯拉夫来说，德国愿意灵活地根据南斯拉夫的需要调整其经济政策，而不亚历山大一世在法国马赛遇刺的场景，1934年10月9日。由于当时有摄影师对其访法过程进行拍摄，因此亚历山大遇刺的全过程都被拍摄下来，成为世界政要刺杀史上仅有的几卷现场录像之一。

是像英法那样空谈“保持欧洲秩序的必要性”，因此德南合作无疑更有吸引力。根据贸易协定，德国对南斯拉夫工业的投资显著增加，两国间的贸易量很快就翻了一番。德国厂商步步紧跟，为机器设备提供更新，同时使他们的出口商品更适合南斯拉夫的需要，从而对南斯拉夫实行经济渗透。到第二次世界大战开始时，南斯拉夫半数以上的出口商品运往德国，而德国货物差不多也占南斯拉夫全部进口物资的半数以上。作为贸易协定的附带产物，一度蜂拥前往奥地利度假的德国游客转而去南斯拉夫沿海的度假胜地游览，为南斯拉夫带来了宝贵的外汇。

另一方面，法国外交部长巴尔杜希望南斯拉夫能够同意大利和解，以共同对抗新兴的德国纳粹政权。亚历山大国王同意对墨索里尼做出有限的让步，包括向意大利供应木材，以换取对方不支持克罗地亚恐怖主义分子的保证，但不愿意更进一步同这个穷凶极恶的邻国合作。1934年10月，亚历山大国王乘船经海路对法国进行访问，以向巴尔杜解释自己的对意政策。10月9日，他在马赛港登岸，在和法国外长巴尔杜乘车经过马赛的

被刺客击中后生命垂危的亚历山大一世。

大街时被刺杀。凶手符拉多·赫尔诺泽姆斯基被法国警察当场击毙。他来自臭名昭著的“马其顿内部革命组织”，是其头子伊凡·米哈伊洛夫的司机，也是一名熟练的枪手。他受米哈伊洛夫的指使，去协助安特·帕韦利奇及其乌斯塔沙分子。

这起阴谋是由克罗地亚人在意大利策划的，匈牙利为其提供窝藏和鼓励凶手的帮助。巴尔杜也在刺杀中身受重伤，几天后身亡（法国的法医后来发现，打死巴尔杜的那颗子弹其实来自吓昏了头的法国警察）。法国法庭缺席判处安特·帕韦利奇死刑，但意大利人一直没有把他引渡给法国，而是让他安居在佛罗伦萨郊区的一幢小房子里。接替巴尔杜担任法国外长的赖伐尔急于对墨索里尼做出让步，以换取法意两国联合行动反对德奥合并，因此根本没有提及引渡帕韦利奇的问题。

亚历山大国王生前深信联邦制只会造成分裂，认为只有采取强制手段才能维护国家的统一，但他去世时留下的国家却四分五裂，充满倾轧猜疑，党争之激烈甚至超过议会制度时期，而这正是他当初宣布个人独裁时所要消除的弊端。尽管绝大多数南斯拉夫人反对国王的独裁统治，希望恢复民主，但也对国王的遇刺感到悲愤异常，因为他们清楚地意识到，在敌人眼里，国王是南斯拉夫统一和独立的象征，必须作为眼中钉拔掉。民间立即编出一则故事，说国王在临终时嘱托“为我保卫南斯拉夫”。老百姓并不知道，国王自已在最近也得出了独裁制度已经失败的结论，并且决心回国后恢复立宪政府。

亚历山大一世的遗体被运回南斯拉夫，安葬在贝尔格莱德的圣格奥尔基纪念大教堂里。11岁的王储彼得正在英国南部萨里郡的一所预科学校读书，回国即位，成为南斯拉夫王国的第三代国王——彼得二世。他在1941年9月才满18岁，在这之前，由一个三人摄政

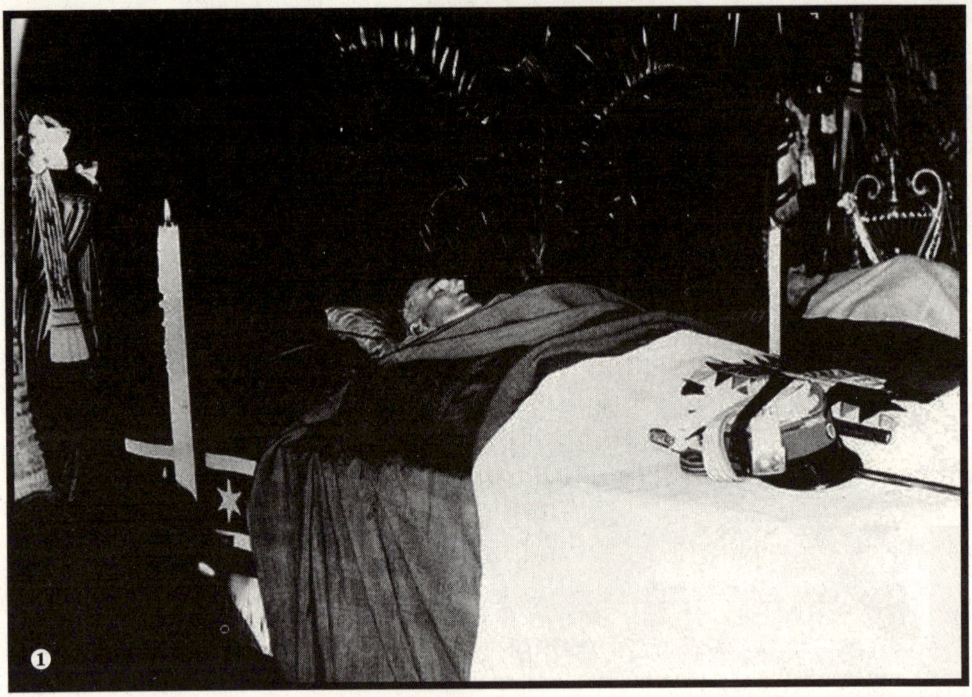

委员会代为摄政，即保罗亲王和贝尔格莱德大学的医学教授斯坦科维奇博士，以及滨海巴昂辖区的前任长官佩洛维奇博士。后两人并非知名人士，因此实权落入保罗亲王之手。

保罗亲王的父亲阿森亲王是亚历山大国王的叔叔，母亲则是有芬兰血统的俄国贵族。他年轻时曾经在俄国和牛津大学读书，娶了英国肯特公爵夫人的妹妹、希腊–丹麦王室的奥尔嘉公主为妻，具有明显的亲西方的立场。因此许多塞尔维亚人把他看做“外国人”，对他并不信任。另一方面，保罗亲王比亚历山大国王更具备“南斯拉夫人”的特点，反感狭隘的塞尔维亚民族主义，宁愿远离贝尔格莱德，在斯洛文尼亚北部的朱利亚阿尔卑斯山区城堡里安享宁静的生活。保罗亲王具有相当高的文化教养，责任感很强，厌恶巴尔干地区的传统政治。他把自己看做王位的临时监护人，无意对王国的体制进行激烈的变更，但是对君主专制和军事中央集权表示遗憾。他仅把马切克博士和其他克罗地亚领导人从监狱里释放，放宽了出版审查制度，并且在1935年组建了“民族和解政府”。南斯拉夫军方置身于纷争之外，听任保罗亲王和文职大臣们在政治领域放手进行各种试验，但前提是休想向塞尔维亚最高司令部的真正权力挑战。

1. 停放在马赛教堂的灵柩，近处是亚历山大一世，远处是法国外长巴尔杜。

2. 访问法国的南斯拉夫首相斯托亚迪诺维奇在无名战士纪念金簿上签名。他在任期间采取亲法西斯政策，意南关系一度非常和谐。

德国祸

到1936年3月，随着德国重新占领莱茵兰，欧洲的政治局势已经很明朗。虽然其他国家的政治家已经看出纳粹德国将是欧洲未来的头号祸患，但不幸的是保罗亲王却坚持认为，希特勒是那么善于理解别人，而戈林将军又是那么慷慨大方、那么富有同情心、那么饶有风度。当年3月，德国宣布对从南斯拉夫进口的牛、猪和小麦实行优惠税率，并将这些货物的进口限额提高到4.5亿第纳尔。南斯拉夫则向德国大量订购各种器材、火车头、铁路客货车辆、桥梁建筑材料和其他工业物资。当年6月，德国经济部长沙赫特博士访问贝尔格莱德时提出，大量增加易货贸易，愿意用比国际市场高得多的价格购买南斯拉夫的农产品，不幸的南斯拉夫农民终于为自己找到了一个可靠的市场。这样，德南关系就得到了加强，而南斯拉夫对于德国吞并奥地利的反对也就相应地减弱了。直到此时，“小协约国”仍不合时宜地将奥地利和匈牙利作为头号敌视对象，三国总参谋部甚至在1936年夏天煞有介事地讨论了奥托·冯·哈布斯堡大公在维也纳复辟之后的军事行动计划：捷克军队从布尔诺出发，向维也纳进军；南斯拉夫军队从马里博尔出发，取道格拉茨，在维也纳城门

幼童国王彼得二世，创作于1934年的画像。

与捷克军队会师；罗马尼亚则在后方监视匈牙利的动向。这种小小的、有趣的战争游戏只不过反映了“小协约国”在欧洲和平黄昏时期的不切实际。在奥地利的北方，一场真正的灾祸——德国之祸，正在迅速崛起。

1938年德国吞并奥地利之后，南斯拉夫在斯洛文尼亚地区和德国有了一条共同的边界。南斯拉夫政界和贝尔格莱德的报界对此都心平气和。斯托亚迪诺维奇首相在上议院为这种态度辩护，理由是希特勒是那么真诚地保证新的德南边界“今后不受侵犯”。并且他还得到消息，关于德捷边界，希特勒也宣布了相同的态度，而捷克政府对此感到满意。当年9月，随着希特勒对捷克的苏台德区提出领土要求，欧洲形势进一步恶化。南斯拉夫的政治家一致认为，必须在欧洲爆发大规模战争之前尽快解决克罗地亚问题，否则克罗地亚人很可能趁机叛乱，南斯拉夫将遭到肢解。保罗亲王和马切克博士进行了恳切的长谈，双方都同意实行联邦制。新南斯拉夫由几个自治单位组成，拥有统一的王朝、统一的军队和统一的外交部。马切克又同意把财政、贸易、邮电和海关交给中央政府。

1939年3月，德军开入布拉格，吞并了残余的捷克；意大利则接着吞并了阿尔巴尼亚。局势至此已经非常清楚，欧洲大战迫在眉睫。保罗亲王现在急于同克罗地亚人达成协议，因为克罗地亚极端民族主义分子已经越来越猖狂，并且毫不隐藏他们要依靠希特勒的力量来为克罗地亚取得“独立地位”的意图。3月9日，保罗亲王的朋友、克罗地亚贵族本贝莱斯侯爵访问罗马，公然对意大利外长齐亚诺伯爵（两人是在保罗亲王主持的一次王室狩猎活动中认识的）透露了自己的乌斯塔沙身份，并且说“假如有朝一日通过动员使克罗地亚人手中有了武器，他们的枪会自动向塞尔维亚人开火”。当年5月，克罗地亚农民党领袖马切克博士的特使、有意大利血统的工程师卡内卢蒂前往意大利。他告诉墨索里尼，虽然马切克拒不考虑同贝尔格莱德妥协，但也拒绝发动反对贝尔格莱德的暴动。意大利人则提交给卡内卢蒂一份备忘录，让他转交给马切克。备忘录怂恿马切克博士和他的农民党在4到6个月内发动暴动，宣布克罗地亚独立，然后立即吁请意大利军队进驻，以“确保秩序与和平”；接着克罗地亚将与意大利结盟，自立政府，但外交和国防委托给意大利，意大利在克罗地亚驻军，并留驻中将一名，恰如在阿尔巴尼亚的情况。稍后意大利再决定是否由意王兼任“克罗地亚国”的最高元首。墨索里尼现在已经沉迷于粉碎南斯拉夫、吞并克罗地亚的梦想之中。他认为此事轻而易举，于是指示通过苏黎世的银行向萨格勒布汇去2000万第纳尔（当时约合45.5万美元）的“革命经费”。

在这种种阴谋的威胁下，保罗亲王担心，如果在1939年这个不祥的年份恢复民主制，那么痛恨民主的希特勒和墨索里尼可能会来找麻烦，因此他力图把民族问题与宪法问题分开，把克罗地亚民族主义者与他们的盟友——要求立即恢复议会民主的塞尔维亚反对党分开，希望在不对后者让步的情况下解决前一个问题。1939年8月26日，保罗亲王与马切克博士达成了被称为“斯波拉宗”的和解协定，成立一个新的名叫“克罗地亚”的自治巴昂辖区。它由过去的滨海与萨瓦两个巴昂辖区合并而成，并纳入了德拉纳、伐尔巴和多瑙3个巴昂辖区的部分领土。其人口为440万（当时南斯拉夫总人口1400万），此外，还在萨格勒布恢复了传统的克罗地亚自治议会，负责除了外交、国防、贸易、运输和公共安全之外的所有事务，并且与国王共享立法权。5天之后，德国入侵波兰。

在“斯波拉宗”基础上成立的南斯拉夫新政府是一个联合政府，塞尔维亚人德拉戈萨·茨维特科维奇出任首相，马切克博士担任副首相，外交大臣是塞尔维亚的职业外交家亚历山大·钦察尔-马尔科维奇博士。最后这个人对意大利特别谄媚，他毫无根据地宣称，巴尔干半岛“并未从任何方面受到威胁”，并在墨索里尼决定观望形势、暂不对英法宣战时，用最热烈的言辞，恭维吹捧意大利“明智的非战态度”。南斯拉夫的普通公众则被德国最初在波兰、随后在丹麦、挪威和西欧的闪电战吓得目瞪口呆。

1940年6月法国的陷落，以及9月份德国空军开始对英国发动的大规模空袭，在南斯拉夫国内造成了普遍的沮丧情绪。虽然南斯拉夫各界对英国人民一致团结在丘吉尔首相周围坚持抗战而感到高兴，但也意识到在近期，英国不可能送来什么实际的援助。南斯拉夫军队丧失了捷克的斯科达公司这个头号军火供应商，更加给人们带来了不安。因此，当第一批德国军队以“教官”的名义开入罗马尼亚领土，希特勒对自己的巴尔干计划已不屑再遮遮掩掩时，南斯拉夫上层人士中的一些机会主义者便建议保罗亲王，“采取现实主义的态度，接受严峻的事实”——这是向轴心国屈服的婉转说法。亲西方的保罗亲王与鼓吹同轴心国合作最积极的前首相斯托亚迪诺维奇意见不一。

意大利吞并阿尔巴尼亚后，意大利军队不仅在西北方屯兵于意南边境，而且在南边也有了一个深入巴尔干半岛的桥头堡，同时意大利舰队还威胁着漫长的达尔马提亚海岸线。在1940年的好几个月的时间里，人们一直无法断定，意大利为了耀武扬威，究竟是按照外交部长齐亚诺的意图进攻希腊，还是按照墨索里尼的意图进攻南斯拉夫。齐亚诺的意见占了上风。1940年10月28日，一支准备不足的意大利军队越过边界，向希腊进犯。希腊军队英勇地保卫自己的国家，甚至还打了胜仗。到12月初，希腊军队不仅把意大利人赶出国境，而且已经进入了阿尔巴尼亚地区。

意大利背信弃义的进攻，以及希腊反抗得胜，使得南斯拉夫的舆论更加反对轴心国。南斯拉夫总参谋部受到鼓舞，有意和希腊保卫萨洛尼卡港口的力量联合，共同抵御意大利人。这个港口对南斯拉夫来说很重要，从第二次巴尔干战争结束起，它就是旧塞尔维亚王国的主要出口港。塞尔维亚及后来的南斯拉夫根据条约，在这里享有一系列关税特惠待遇。柏林曾暗中鼓动南斯拉夫陆军大臣米兰·奈迪奇和陆军最高统帅部的其他一些军官，怂恿他们在希腊人缠身于别处时去占领萨洛尼卡，但是这个圈套太明显了。

在希特勒看来，意大利人的难堪处境突出地表明了南斯拉夫与轴心国合作的必要性。他用来诱使南斯拉夫合作的钓饵便是萨洛尼卡，对保罗亲王则许以南斯拉夫的王位——那是他的希腊公主出身的妻子为自己的两个儿子所积极谋取的。希特勒对墨索里尼的擅自宣战和随后不光彩的惨败甚为恼火，甚至禁止意大利人同南斯拉夫直接打交道，而是亲自出面。1940年11月27日，罗马尼亚加入“三国公约”后仅仅三天，希特勒和里宾特洛甫就在贝希特斯加登秘密会见了钦察尔-马尔科维奇，敦促南斯拉夫接受“建立欧洲新秩序的义务”。

正与戈林交谈的南斯拉夫摄政王保罗，摄于20世纪30年代后期。保罗出生于1893年，其父亲阿森亲王是彼得一世的弟弟，因此他是亚历山大一世的堂弟。保罗年轻时曾在牛津大学读书，1923年迎娶英国肯特公爵夫人的妹妹、希腊的奥尔嘉公主。由于他接受英国教育，具有亲西方的立场，因此不被塞尔维亚人信任。1941年保罗亲王被政变推翻，后流亡国外，1976年死于巴黎。

希特勒钦佩塞尔维亚人的英勇尚武，但他也像19世纪末生活在维也纳的其他奥地利民族主义者一样，对塞尔维亚人的倔强和桀骜不驯甚为恼火。他轻视斯洛文尼亚人，寻找一切机会使卡尼奥拉和下施蒂里亚地区“重归德国”。他觉得克罗地亚人可资一用，鼓励他们的分裂主义运动。至于南斯拉夫王国本身，他则十分痛恨，一提到南斯拉夫问题总是暴跳如雷，极度激动，因为它的出身像他所痛恨的捷克斯洛伐克和波兰一样，是一个典型的“凡尔赛国家”。

在时局特别凶险的1940年底，茨维特科维奇政府真心诚意地希望南斯拉夫能继续奉行中立政策。保罗亲王也是如此，虽然他在情感上是亲西方的。但是事实上，南斯拉夫的当权者早就落到了渴望找对方谈判的地步，他们抱住中立不放，希望争取时间，却根本不知道从何处重新获得武装，也不知道从何处争取盟友。在希腊危机的这个阶段，土耳其人由于保加利亚国王访问德国而特别不安。他们警告保加利亚，如果对方入侵希腊，土耳其不会袖手旁观。他们还向贝尔格莱德提议缔结土南军事协定。保罗亲王不仅拒绝了这一建议，而且还小心翼翼地把这个消息对所有的南斯拉夫政治家隐瞒起来，继续奉行他那种“两面光”的骑墙政策。

在保罗亲王的这种政策下，一方面轴心国的代理人乌斯塔沙在克罗地亚的活动越来越猖狂；另一方面塞尔维亚人也越来越恼火。他们万众一心地痛恨希特勒所主张的一切。由于秉承塞尔维亚人的英勇气质，他们并没有因为法国的土崩瓦解而丧失斗志。老派的塞尔维亚军官们忠于同英法结盟的传统，同时，无论在高级军官还是在一般人中间，都怀有一种强烈的信念，宁死也不能投靠轴心国，宁死也不能丧失民族气节。这正是塞尔维亚民族自科索沃战役和拉扎尔大公殉国以来的古老传统。

在时局晦暗不明的1940年底，意大利急欲穿过南斯拉夫领土去包围希腊军队的右翼，因此，轴心国对南斯拉夫施加的压力与日俱增。保罗亲王和他的顾问们进退两难，既怕轴心国的恐吓威胁，又怕贝尔格莱德发生暴动。就在左右为难之际，他收到了丘吉尔、罗斯福和乔治六世的亲笔信，鼓励他采取反对希特勒的坚定立场。1941年初，罗斯福还派遣自己的亲信和朋友多诺万上校（此人为战略情报局和中央情报局之父），到贝尔格莱德来探听舆情。多诺万发现大臣们和主要的政界领袖都人心惶惶，不敢讲出自己的心里话，生怕惹怒德国。丘吉尔在给外交大臣艾登的信中评价说：“保罗亲王的态度简直就像一个不幸的人和一只老虎被关进一个笼子里。他只求不去惹它，却不知老虎进食的时间快要到了。”

1941年初，南斯拉夫第一次公开表现出倒向轴心国的倾向。2月14日，茨维特科维奇和钦察尔-马尔科维奇被召到萨尔茨堡去会见里宾特洛甫，还被召到贝希特斯加登的山间别墅去会见元首。在这次会见中，钦察尔-马尔科维奇似乎向希特勒保证，他的国家曾竭尽全力阻止希腊接受英国援助，现在则准备担保南斯拉夫绝不会成为英国反德政策的工具。于是，希特勒言辞温和地建议至今仍保持中立的三个巴尔干国家——南斯拉夫、保加利亚和土耳其——加入德日意三国公约，并说这是南斯拉夫应有的态度。他希望看到南斯拉夫“在东南欧各国中占据它应有的地位”。可是，就连元首本人也没能收保罗摄政王1939年访问德国时，与希特勒乘车经过柏林菩提树下大街。

到预期的效果。

3月1日，保加利亚纵身下了水，在维也纳的贝尔维德宫签字加入轴心国。紧接着德国军队就从罗马尼亚开入了保加利亚。3月3日，保罗亲王在极端保密的情况下访问了贝希特斯加登，与希特勒面谈4个小时。保罗亲王看起来代表力量较弱的一方，但是他步步为营，表现得极为顽强。结果，希特勒和里宾特洛甫发现，为了使南斯拉夫加入三国公约，就不得不答应它提出的全部条件：对南斯拉夫边界（包括萨洛尼卡港）做出领土保证；轴心国军队保证，在和希腊交战期间不得通过南斯拉夫的国土（只可使用它的铁路和公路运输军用物资）；南斯拉夫不负担对希腊作战的特别军费。

3月19日，德国通知南斯拉夫，5天内，要么签署三国条约，要么“承担一切后果”。保罗亲王嗅到了一股强烈的可疑气息，即德国人正在物色傀儡来代替目前的当权人物，因此他下令把亲轴心国的、当时正在软禁中的前首相斯托亚迪诺维奇转移到一个不能为害的地方，以免他推翻软弱无力的茨维特科维奇政府而出面控制局势。在英国和希腊政府的同意下，斯托亚迪诺维奇先是从拘留地到了雅典，随后又到了毛里求斯岛，置于英国总督的软禁之下。3月20日晚上，在贝尔格莱德郊外著名风景区德迪涅的“白宫”，南斯拉夫内阁召开了极度艰难的会议，决定在三国条约上签字。3位塞尔维亚大臣提出辞职，另有5位大臣反对签约。

里宾特洛甫对理应是恭顺仆从国的南斯拉夫表现出的罕见的顽强态度既惊又恼，在3月22日向贝尔格莱德发出了最后通牒：南斯拉夫必须于3月25日加入三国公约，否则它将失去这个唯一的机会。德国驻贝尔格莱德公使冯·赫伦伯爵曾经劝告里宾特洛甫，不要施加太多的压力，因为根据当时南斯拉夫人的普遍情绪，茨维特科维奇政府在干了这件不得人心的事之后，很可能就难以维持下去。但是，来自冯·赫伦这种老派的职业外交家（而非纳粹外交家）的建议，就跟以往那些“软弱无能的外交家”从布拉格、华沙、巴黎和伦敦发来的建议一样，被里宾特洛甫这个香槟酒贩子扔进废纸篓里去了。

3月22日，丘吉尔也给茨维特科维奇首相发去了一封极长的电报：“阁下，希特勒和墨索里尼最后将会一败涂地，这是肯定的。英美民主国家已分别宣布了自己的决心，任何审慎而有远见的人都不会对此有所怀疑。德国人心狠手毒，人数只有0.65亿……英帝国和美国的人民，仅在他们本国和自治领地就有2亿人。我们拥有不可抗衡的制海权……英帝国和美国拥有更多的财富与技术资源，而且它们的钢产量超过世界上其余国家钢产量的总和。它们决心要制止万恶的独裁者们——其中之一已被打得遍体鳞伤、无可挽救（指墨索里尼）……如果这时南斯拉夫自愿落得罗马尼亚的下场，或者甘犯保加利亚的罪行，成为蓄意危害希腊的同谋者，那么它肯定会遭到万劫不复的毁灭。它只能推迟而不能逃出战争的苦难。到那时，它勇敢的军队将四面受敌，在毫无希望、毫无救助的情况下孤军作战。另一方面，如果南斯拉夫军队能及时抓住良机，他们便能得到战争史上罕见的大好机会。如果南斯拉夫同土耳其和希腊站到一起，又获得英帝国所能给予的一切援助，那么它便可消弭德国人带来的灾祸，并与上次大战一样确有把握地获得最后胜利。我确信阁下是能认清世界大势的。”

保罗亲王收到这封电报之后，美国驻贝尔格莱德公使阿瑟·雷恩也紧急求见他。保罗对雷恩解释说，他别无选择，只能签字，否则南斯拉夫将要遭到入侵；在这种情

南斯拉夫加入三国公约，1941年3月25日。握手者为茨维特科维奇（左）和里宾特洛甫（右）。

况下，王国又得不到克罗地亚人的支持。保罗亲王还补充说，南斯拉夫军队武器不足，而且大多数还是德国淘汰下来的。当雷恩试图谈及南斯拉夫的国家荣誉时，保罗亲王又气又恨地对雷恩说："你们大国真残忍。你们奢谈我们的荣誉，而你们自己却远在千里之外！"

3月23日，贝尔格莱德公布了德国三项让步中的前两项，即保证南斯拉夫的主权和领土完整，以及轴心国保证在同希腊作战期间将不向南斯拉夫要求军队过境权。德国公使馆从当天贝尔格莱德公开售卖的各家报纸中注意到，斯洛文尼亚和克罗地亚的报纸认为必须顺从德国的要求，因为只有这样才能让德国人来对付意大利，而塞尔维亚和黑山的报纸则掀起了讨伐的风暴。来自四面八方的抗议书源源涌向保罗亲王。甚至有人威胁说，如果亲王胆敢在三国条约上签字，就要他的命。驻各国的南斯拉夫外交官纷纷发来电报，威胁说准备辞职，停泊在国外港口的南斯拉夫商船船员也宣布，如果政府屈从于德国法西斯，他们将不再返回祖国。历史悠久的塞尔维亚陆军军官协会呼吁保罗亲王不要签字，有谣言说一些军事将领已经去了希腊。南斯拉夫的"索科尔"运动（又叫"鹰社"，1862年由捷克人米罗斯拉夫·蒂尔什创建的青年体育组织，后来传至斯洛文尼亚、克罗地亚、塞尔维亚、俄国、英国、法国、美国，参加者均为斯拉夫人，以体育的形式促进爱国主义和民族主义）发表声明说，宁可牺牲一切，也不愿丧失荣誉和自由。塞尔维亚东正教会领袖也警告保罗亲王，要他注意全国人民的情绪。结果保罗亲王反而更加害怕德国人了。当天深夜，摄政王的一些亲密顾问仍然试图劝阻保罗，他们说如果在三国条约上签字，将会在国内引发革命，军队也会起义。保罗悲痛地说："我被逼无奈，只有屈服。"第二天，英国公使罗纳德·坎贝尔向钦察尔-马尔科维奇递交了抗议照会。英国公使馆里则挤满了希望参加英国军队去和德国人作战的塞尔维亚青年。

3月24日晚上，茨维特科维奇首相更换了那些已经辞职的大臣，然后与外交大臣一起启程前往维也纳。由于害怕首都公众的不满情绪，他们是从贝尔格莱德郊外的某个火车站偷偷溜走的，由于铁路工人举行抗议罢工，他们乘坐的火车晚点了。

1941年3月25日，星期二。在一种预兆不祥的阴郁气氛中，在维也纳的贝尔维德宫举行了南斯拉夫加入三国公约的仪式，参加这个公约的国家至此已增至8个。另外，德国又递给南斯拉夫代表三份照会，其中两份是关于星期日公布的那两项保证的——这两项保证后来都被希特勒违反了，其速度之快，就他自己的纪录来看也是破天荒的——第三份照会被认为是绝密的，其中提到德国和意大利"不指望南斯拉夫在军事上合作，这种谅解不受时间和空间的限制"。但是，"如果南斯拉夫愿意在军事方面作出贡献，它可以通知其他两国"。

签字之后，茨维特科维奇和里宾特洛甫先后发了言。茨维特科维奇显然很痛苦，希特勒的译员保罗·施密特同情地递给他一杯巴尔干的白兰地酒；里宾特洛甫虽然想尽量利用这个机会做宣传，但他也显得很疲乏而且心事重重。希特勒决心要使这个仪式显得隆重，因此亲自出席。他盛赞南斯拉夫"作出了一个明智的决定"，并许诺德国"将永远是南斯拉夫忠诚的朋友"。但有人听到他私下抱怨说，这个仪式看上去完全像一个葬礼。

有三个主要的动机决定了保罗亲王的选择。首先，自从亚历山大国王遇刺后，保罗亲王7年来一直听任他的国家陷入军事上无所准备的状态；而自从捷克斯洛伐克陷落和斯科达兵工厂为德国所占之后，这种无所准备的状态就变得愈发严重。他知道民主国家无力向南斯拉夫或土耳其提供战争物资。他和南斯拉夫总参谋部的将军们也知道，撇开武器装备南斯拉夫政变发起人杜尚·西莫维奇（1882~1962），1905年毕业于贝尔格莱德军事学院，巴尔干战争和“一战”期间为参谋军官，“二战”前夕任南斯拉夫总参谋长，后任空军司令，1941~1942年任南斯拉夫（流亡政府）首相。南斯拉夫解放后他回国定居，领取政府养老金，直至去世。

和训练上的不足这两者不谈，漫长的北部边疆也根本无法防守，因为那里是向匈牙利和罗马尼亚敞开的平原。成功防御的唯一希望在于迅速放弃4座主要城市——贝尔格莱德、萨格勒布、卢布尔雅那和苏博提察。但即使如此，前途也很难预料。

像魔鬼一般纠缠着保罗亲王的第二个因素是对布尔什维克主义的恐惧。他不安地感觉到，他的人民对独裁政治已经厌恶已极，如今又因发现国家在军事上的无能而满腔怒火，很可能受到布尔什维克主义的吸引。第三个同时也是最主要的因素，是保罗亲王在1939年同克罗地亚领导人达成的“斯波拉宗”协议，以牺牲克罗地亚人的盟友——要求恢复议会民主的塞尔维亚反对党为代价，巩固了自己的地位。保罗的借口是在1941年9月幼王成年之前，不能对政治体制进行任何的变动。如今顺从民意就意味着摇摇欲坠的茨维特科维奇政府最终垮台，为一个各党派组成的联合政府所代替，而这也意味着独裁制度的结束和民主制度的重建。因此，签字参加三国公约不仅在外交上是决定存亡之举，而且也是亲王保持国内统治权的最后一着棋。

在这段危急的时期，南斯拉夫军方和盟国进行过一系列秘密接触，因为保罗亲王确实不愿意他的国家落入德国掌控之中。可是，英国明确表示，在德国入侵南斯拉夫并抵达南部的瓦达河之前，盟国毫无希望向南斯拉夫派遣远征军。他们能提出的唯一建议是入侵阿尔巴尼亚，那里有意大利的军械库，而且防守不严。看来，英国无力分兵增援南斯拉夫，这是各方都清楚的事实。

几个月以来，英国特工一直在对亲英的南斯拉夫空军将领杜尚·西莫维奇将军施加影响。后者曾在1918年率领塞尔维亚军队第一个开入斯洛文尼亚。西莫维奇的司令部坐落在与贝尔格莱德隔河相望的泽蒙。从前一年的12月开始，这里就成为反对德军侵入巴尔干、反对保罗亲王政权因循贻误的密谋中心了。几个月来，他身边的少数军官一直在讨论，如果政府向德国投降就采取直接的行动。知道这一计划的仅限于少数可靠的军官，军衔几乎都在上校以下。他们的秘密联络网从贝尔格莱德伸展到萨格勒布、斯科普里和萨拉热窝等主要的空军驻防地点，在首都掌握的兵力包括驻扎在泽蒙、以西莫维奇为司令的空军司令部，王室近卫军的两个团（团长除外），贝尔格莱德卫戍部队的一个营，在王宫执勤的一连宪兵，首都高炮师的部分人员，一些士官学校，还有某些炮兵和工兵部队。计划中的起义首领是空军总司令博拉·米尔科维奇将军。

3月26日下午，冯·赫伦从贝尔格莱德向柏林发去电报，说南斯拉夫的局势很紧张，贝尔格莱德四郊的农民来到市区，准备同军官和学生一道反对政府和三国公约。有谣传说，一些青年军官正在英国特务的怂恿下策划军事政变，并已获得米尔科维奇将军和西莫维奇将军的支持。当天晚上，茨维特科维奇和钦察尔-马尔科维奇返回贝尔格莱德，一下火车便被警察逮捕，直接带往西莫维奇的司令部，在那里被迫签署了辞职书。那天夜里，英国广播公司的塞尔维亚语广播节目里发表了英国战时内阁成员艾默里的煽动性讲话，呼吁塞尔维亚人“一定要永远保持民族精神”。

几个小时之后，3月27日凌晨2时20分，被《纽约时报》誉为“划破沉沉夜空的闪电”的事件发生了：贝尔格莱德卫戍部队和驻扎在泽蒙地区的空军部队发动起义，占领了国防部、警察总部、邮电局、电话局、电台和贝尔格莱德其他一些重要的战略据点，在一些重要路口架起了机枪。军队在果敢的军官指挥之下包围了王宫，王宫卫队非但没有抵抗，而且配合地打开大门迎接起义军，并立即加入了起义部队。年轻的彼得国王顺着雨水管爬下窗户，逃出了摄政者斯坦科维奇博士和佩洛维奇博士的监护。两位摄政者以及其他一些高级官员被逮捕。政变者宣布彼得二世已经成年（尽管6个月后他才满18周岁）。被丘吉尔评论为“不得已成为南奸”的保罗亲王，在得到支持者的提前通风报信后带着全家离开贝尔格莱德，前往斯洛文尼亚边境的布尔多城堡。他的专列在萨格勒布

1941年3月27日，贝尔格莱德市民上街庆祝推翻亲德政权。

被拦下，萨格勒布的陆军司令要求火车掉头返回贝尔格莱德。保罗亲王也被带到西莫维奇的司令部，签署了退位诏书，随后像他自己先前对待前首相斯托亚迪诺维奇那样也被送往希腊，随后被英国拘留，软禁在肯尼亚。

在贝尔格莱德，天亮之后，人们发现3月27日这天变成了兴高采烈的日子。电台宣布保罗亲王的摄政已告结束。贝尔格莱德的广场和街头举行了盛大的庆祝活动。人们在广场上跳舞，在街头高喊“宁要战争，不要协定；宁愿死亡，不做奴隶”。贝尔格莱德到处都挂出了英国、美国和法国的国旗，高唱英国和南斯拉夫的国歌，还举着罗斯福和丘吉尔的照片游行。这次政变得到了各界的支持。塞尔维亚人和黑山人渴望同德国人打一仗，他们相信他们新的统治者也会愿意这样做。同时，他们也估计到，除了一开始能打一场勇猛的阻击战外，以后恐怕只能进行骚扰性的游击战争。不过塞尔维亚人和黑山人对此并不陌生，因为他们与土耳其人持续打了4个世纪的这种战争。

3月28日，年轻的彼得二世在塞尔维亚总主教加弗里尔主持下举行加冕典礼.与此同时，“德国旅行社”遭到了群众的袭击。它就像在其他国家那样，是德国特务和煽动者的大本营。德国公使冯·赫伦参加完加冕典礼、从贝尔格莱德大教堂返回公使馆途中，他那辆挂有外交牌照和万字旗的汽车遭到了群众的谩骂，人们纷纷向那辆黑色奔驰汽车吐唾沫。贝尔格莱德发回来的消息令希特勒大发雷霆，特别是他此时正在接待日本特使松冈洋右的访问。希特勒气急败坏地布置对南斯拉夫的进攻，以图报复，把松冈丢给里宾特洛甫去接待。

在整个1940年冬天，希特勒都在焦急地等着开春，只待巴尔干半岛的道路解冻，便可以发动对希腊的“马里塔”作战，先打垮希腊，然后再去解决苏联。“马里塔行动”预计要到4月1日才能开始，在这之前希特勒特别担心，当他的军队通过保加利亚进军希腊时，在德军漫长的右翼，那个不友好的南斯拉夫会有所举动。他也一直在担心土耳其，因为土耳其对三国公约的态度在很大程度上取决于南斯拉夫对这个公约的态度。贝尔格莱德的突然政变令希特勒暴跳如雷，因为在他看来，塞尔维亚正是1914年挑起世界大战的罪魁，如今又胆敢对他的计划构成威胁。对于希特勒来说，他确立的任何条约都是神圣不可侵犯的，撕毁条约的只能是他自己。希特勒不等德国公使馆发来南斯拉夫政变的详情，甚至在政变的消息被证实之前，就在27日召集了最高统帅部成员，向他们宣布，政变已使南斯拉夫在“马里塔行动”中成为一个靠不住的因素，这对于“巴巴罗萨行动”来说更是如此。但不论怎样，长痛不如短痛，此时发生这种政变，让南斯拉夫人暴露其真正面目，总比在“巴巴罗萨行动”开始时发生要好。他下定决心，一旦必要的准备工作就绪，就把南斯拉夫完全消灭掉，既不在外交上进行探询，也不需要提交最后通牒或者任何警告：

“……对南斯拉夫的打击一定不能心慈手软。一定要以迅雷不及掩耳的速度去摧毁它的军事力量。这一点在政治上具有特殊重要的意义。这样可以使土耳其人胆战心惊，并将有利于随后的希腊战役。还可以这样估计：一旦我们发动了进攻，克罗地亚人将会倒向我方。要保证他们享受适当的政治待遇（以后还有自治的权利）。这场战争一定会非常受意大利、匈牙利和保加利亚的欢迎，因为这些国家都可能希望获得领土。意大利想要亚得里亚海沿岸地区，匈牙利想要巴纳特，保加利亚想要马其顿。

彼得·卡拉乔治维奇（1923~1970），南斯拉夫国王彼得二世（1934~1945在位），1941年三月政变后即位，因德国入侵而被迫流亡伦敦，加入英国皇家空军，1944年在伦敦迎娶希腊公主亚历山德拉。1945年11月29日被废黜，后前往美国定居，1970年因肝硬化死于洛杉矶，安葬在伊利诺伊州自由城的圣萨瓦修道院。

“这项计划的先决条件是，我们要以最快的速度来完成一切准备工作，并要使用非常强大的兵力，以便在最短的时间内打垮南斯拉夫。

“因此，巴巴罗萨行动的开始日期，势必要推迟4个星期……”（《纽伦堡国际军事法庭文件汇编》第28卷，《纳粹的阴谋与侵略》）

28日凌晨2时，德国驻意大利大使冯·马肯森求见墨索里尼，向他透露了德国的进军计划，并要求意大利人不要掺合，只需全力保卫阿尔巴尼亚边界即可。一想到可以不必再受德国要求保证南斯拉夫领土完整的约束，墨索里尼就满面春风，精神抖擞。他只花了一个小时与仆从们讨论，就给柏林挂去了电话，兴高采烈地欣然接受了希特勒的命令。当天天亮之后，德国武装部队最高统帅部根据希特勒的指示，草拟了一份对南斯拉夫的宣传纲要，非常凑巧，格拉茨的大区党总部在第二天就发来了一封这样的电报，说3月28日，当塞尔维亚人在日耳曼人聚居的诺维萨德举行游行示威时，两名德意志人被示威者打伤。德国的报纸和电台马上开动起来，对这类“可怕的暴行”日甚一日地大肆渲染，很难想象希特勒会认为别人猜不出他的下一步意图。连小孩子都能看出，德国马上就要进攻南斯拉夫了。

南斯拉夫的新政府也知道这一点，情况十分危急，它力图拖延时间。3月30日，南斯拉夫新政府宣布，它将继续忠于三国条约。通过空军的关系，新首相西莫维奇还以个人

1. 德国俯冲轰炸机空袭贝尔格莱德，1941年4月6日。

2. 遭空袭之后的贝尔格莱德，1941年4月8日。远处为被炸断的多瑙河大桥。

名义给戈林元帅发去了一封意在和解的电报，同时还要求意大利人出面调停——而此时墨索里尼正在迫不及待地等待德国的进军命令。西莫维奇同时还发布命令，号召人民保持平静，各守岗位，不要举行反德游行示威或传播谣言。西莫维奇每天晚上都让年轻的彼得国王去王宫地下防空洞里睡觉；南斯拉夫政府宣布贝尔格莱德、萨格勒布和卢布尔雅那为不设防的城市，这表明它对时局并不存在什么幻想。德国之祸马上就要降临。

棕榈星期天

在1941年3月27日的德国最高统帅部军事会议上，希特勒曾宣称，如果天气好的话，将于4月1日发动“马里塔行动”。但是到了3月31日，最高统帅部又决定，“马里塔行动”要延迟到4月5日才开始。届时集结于保加利亚西部的德国军队将向尼什方向挺进，同时以全部可用的空军力量对南斯拉夫的防空工事和贝尔格莱德进行空袭。那天希特勒写信给墨索里尼——这是他在“二战”当中情绪最激动的信件之一——说德国即将发动进攻。他在信中说，他明白自己将面临一个极其顽强的敌人。这个国家易守难攻，他表示相当担心，因为南斯拉夫拥有德意两国制造的飞机。他还为这次新战役增添了一些新的理由，说他得到消息，“俄国即将同南斯拉夫签订一项友好条约，也许这项条约甚至已经签订了”。

莫洛托夫在贝尔格莱德政变后主动提出，与南斯拉夫订立一项军事协定，并且把这件事通报给了德国驻苏大使舒伦堡伯爵。看来这是苏联挽救南斯拉夫的不多举措之一。4月5日晚间，苏南两国签署了一项协定，规定“缔约国的任何一方如遭到第三国的进攻，另一方保证恪守友好政策”。但是这个保证只是一张空头支票，甚至还不如英法在1939年给波兰的那个保证，只不过是对南斯拉夫王国起了临终安慰的作用而已。

1941年4月6日，星期日，1815年塞尔维亚人发动反土耳其起义后的又一个棕榈主日。距贝尔格莱德政变不过10天，希特勒方面发动了战争。当天清晨6点30分的收音机广播里，里宾特洛甫正在用粗嘎刺耳的声音向公众宣告，元首已下令严惩“贝尔格莱德的谋反集团”，并决定使用武力在南斯拉夫恢复“和平与安全”。里宾特洛甫宣称，炸弹已经“像大雨一样投向了贝尔格莱德”——实际上这个预言比真实情况只早了几分钟。里宾特洛甫说这番话的时候，贝尔格莱德近郊的农民还在往星期日的早集走去。人们走得并不急，但比平时更沉默、更严肃。除了送奶车的叮当声外，贝尔格莱德在这个清晨还笼罩在一片和平的静谧之中。

几分钟后，“像大雨一样的炸弹”铺天盖地地落在了这座和平城市头上。从罗马尼亚空军基地起飞的德国“施图卡”俯冲轰炸机出现在贝尔格莱德淡紫色的天际。在第一波空袭中，德国空军第四航空队出动了330架飞机，其中74架是“施图卡”，此外还有160多架尼尔Do-17和容克Ju-88中型轰炸机，以及大约100架歼击机。具有讽刺意味的是，南斯拉夫空军拥有同样的He-111轰炸机和Bf-109战斗机。这是在两国关系恶化之前从德国引进的，因此，驻扎在伏伊伏丁那平原和多瑙河沿岸的南斯拉夫防空部队以为飞来的是本国飞机，因此没有开炮射击。直到6点45分，贝尔格莱德才响起了空袭警报，负责保卫贝尔格莱德的南斯拉夫空军第32和第51大队派出6个中队的Me-109和“飓风”战斗机进行拦截，驻扎在南斯拉夫中部的第31和第52大队也派出4个中队的增援力量。根据南方的资料，击落12架德机，南斯拉夫方面损失20架，重伤15架。德国飞机的空袭取得

了成功，4000多名贝尔格莱德市民葬身于瓦砾之中。

在接下来的两天中，这场代号为“惩罚”的空中战役从未间断对贝尔格莱德的空袭。每隔2到4个小时，就有100多架俯冲轰炸机和水平轰炸机从罗马尼亚西部的蒂米什瓦拉和阿拉德空军基地起飞，飞越多瑙河彼岸的平原，向贝尔格莱德飞来。“施图卡”以可怕的准确性炸毁了南斯拉夫政府各部的办公楼、通讯设施和军事指挥中心。水平轰炸机则不怕来自地面的反击，擦着屋顶飞过，对居民区进行了地毯式轰炸。许多人被炸死在自己的屋子里。在黄昏降临之际，德国轰炸机还扔下了许多燃烧弹，以便给夜间来袭的轰炸机提供指引。

到4月8日终于恢复平静时，人们从贝尔格莱德的废墟中挖出了17000具尸体，医院里躺满了50000多名伤员。贝尔格莱德市中心的老王宫（1903年奥布雷诺维奇王朝的末代国王就是在这里被枪杀的）和王室居住的新王宫都被炸毁；国家歌剧院、贝尔格莱德市政厅、圣萨瓦医院和贝尔格莱德大学也被炸损。塞尔维亚国家图书馆被大火烧毁，30万册藏书，包括许多珍贵的中世纪手稿和善本，全部付之一炬。这场硝烟弥漫、火光烛天的噩梦过去之后，从贝尔格莱德动物园被炸毁的笼子里跑出了各种各样惊恐万状的动物。

1. 贝尔格莱德市区被炸毁的桥梁。

2. 贝尔格莱德火车站被炸毁的列车。

3. 空袭中被毁的贝尔格莱德新王宫（彼得二世住所）。

4. 被炸毁的贝尔格莱德居民区高层住宅楼。

除了筋疲力尽的希腊和遥远的英国之外，南斯拉夫别无其他盟国。而英国即使有美国的援助，在3年之内也未必能返回欧洲大陆。斯洛文尼亚面临着德军从施蒂里亚而意军从威尼斯朱利亚发动进攻的威胁；克罗地亚只有德拉瓦河可以作为屏障；塞尔维亚也只有多瑙河可以据守。希特勒所担心的难以对付的地区，只有波斯尼亚、黑山和马其顿。许多塞尔维亚人和黑山人早就渴望同德国人打一仗，有不少克罗地亚人和斯洛文尼亚人则和他们同仇敌忾——特别是在南斯拉夫海军中。克罗地亚人在海军中比在陆军中有地位。可是，南斯拉夫军队的装备实在糟透了，其总参谋部又被一些因循守旧的旧军官控制着，他们的思想还停留在和土耳其人打仗的阶段，嘲笑使用机械化装备就不像军人。

1941年的南斯拉夫王国武装部队由陆军、海军和空军组成。陆军的总兵力有120万人，包括28个步兵师和3个骑兵师，还有35个独立旅，其中16个部署于要塞，另外19个（包括3个山地旅）是机动作战部队，每个旅包括1至3个步兵团、1至3个炮兵营。在德国人发动进攻的时候，南斯拉夫陆军还没有完成动员——这主要是摄政王害怕激怒德国人而贻误时机所致——部队的兵力满员程度只有70%到90%。所有的陆军部队被编为3个集团军、1支海岸防御部队和1支战略预备部队，其编成如下：

1. 1941年4月初，意大利第2集团军的部队在的里雅斯特集结，准备入侵南斯拉夫。

2. 南斯拉夫陆军一辆被摧毁的雷诺RT-17坦克，1941年4月15日。

第3集团军下辖第3军（4个步兵师、1个骑兵旅），第3本土防卫军（3个步兵师、1个摩托化炮兵团），第5军（4个步兵师、1个骑兵师、2个混成旅、1个摩托化炮兵团），以及第6军（3个步兵师、3个步兵旅、2个王家近卫团）。这个集团军实力最为强大，部署于南方，警戒阿尔巴尼亚、保加利亚和罗马尼亚边境。

第2集团军下辖第1军（1个步兵师、1个骑兵师、3个旅、6个边防团）和第2军（3个步兵师、1个边防团），部署在北方，警卫从多瑙河“铁门”直到德拉瓦河的地区。

第1集团军包括第4军（3个步兵师和1个旅）以及第7军（2个步兵师、1个骑兵师、3个山地旅、2个步兵旅和9个边防团），这个集团军的部队大多数由克罗地亚人组成，根据“斯波拉宗”协议部署在克罗地亚和斯洛文尼亚境内，负责警戒北方同意大利、德国和匈牙利的国境。

南斯拉夫海岸防御部队主要部署在扎达尔（意大利领土）附近、科托尔和希贝尼克三地，包括1个步兵师和2个独立旅，此外还有防空部队和海岸要塞部队。

南斯拉夫最高统帅部的战略预备部队部署在中部多山的波斯尼亚地区，它包括4个步

❷

兵师、4个独立步兵团、1个坦克营、2个摩托化重炮营、2个摩托化工兵营、15个独立炮兵营和2个防空营。

当时南斯拉夫王家陆军装备有70000多门火炮，其中30000多门是“一战”时代留下来的老式火炮，用马拖曳；另有40000多门较新、较现代化的火炮，20年代和30年代订购自法国、德国、荷兰、瑞典的多家军火商，不过其中大多数来自捷克的斯科达兵工厂，其中包括800门反坦克火炮、19000门迫击炮和250门防空炮。南斯拉夫的机械化部队包括6个摩托化步兵营，附属于3个骑兵师，此外还有2个摩托化工兵营和6个摩托化炮兵营，用德国和法国制造的卡车牵引火炮——战争爆发前夕，还从美国进口了10000多辆卡车。南斯拉夫的装甲部队少得可怜，只有2个坦克营，其中一个配备老得掉牙的雷诺FT-17坦克，另一个配备稍微现代化一些的雷诺R35轻型坦克（54辆），还有一个附属连，配有8辆捷克生产的SI-D坦克歼击车。

南斯拉夫王家空军表现不佳，这主要也应归结于装备不良。它在德国人入侵时拥有450架飞机，编为22个轰炸机中队和19个战斗机中队，绝大多数飞机购自德国、意大利、法国和英国，其中主要的机型包括73架梅塞施密特Bf-109E战斗机、38架英制霍克“飓风”I型和30架“狂怒”II型战斗机、60架多尼尔Do-17K轰炸机、60架英制“布伦海姆”轻型轰炸机、还有购自意大利的40架萨伏亚·马切蒂SM-79K轰炸机。南斯拉夫航空公司的6架洛克希德L-10“伊莱克特拉”、3架英制“斯巴达人”和1架德哈维兰“龙”式客机，也在德国入侵之后被紧急征用，用来运输政府要员和高级军官撤离贝尔格莱德。南斯拉夫海军航空兵则拥有12架德制Do-22和15架南斯拉夫自己生产的罗戈扎尔斯基SIM-XIVH型水上飞机，主要当做巡逻机使用。南斯拉夫在30年代初设计的“伊卡鲁斯”IS-2型双翼战斗机既老又慢，开战时只有8架。1936年设计的IS-3型双翼战斗机在开战时生产出12架，其中只有6架可用。

从4月6日到17日（南斯拉夫最高统帅部宣布投降）这11天里，南斯拉夫王家空军在保卫领空的战斗中被消耗殆尽。比如，以它的60架Do-17K轰炸机——这些飞机是1938年秋天连同生产许可证一道从德国购买的——为例，这些飞机在开战第一天就被炸毁了26架，剩余的34架则勇敢地朝着向南斯拉夫境内纵深推进的德军纵队和保加利亚境内的空军基地发动了攻击，在行动中损失14架，另有19架在地面被德国俯冲轰炸机炸毁，只有1架幸存。位于克拉利耶沃的南斯拉夫国立飞机制造厂在4月6日至17日期间生产出了6架Do-17K（在这11天中，克拉利耶沃飞机工厂还抓紧组装出了8架“飓风”、4架“布伦海姆”、2架IS-2、1架IS-3和1架Bf-109），最后1架是在4月12日该厂沦陷前夕由试飞员直接驾驶着逃走的。这6架抢造出来的Do-17，连同战前那些同型飞机中的最后一架，撤退到黑山的尼科希奇空军基地，把逃亡到那里的彼得二世国王和政府要员送到希腊，随后又与南斯拉夫空军的SM-79轰炸机和征用的“伊莱克特拉”客机一道把南斯拉夫国家银行的黄金储备抢救到希腊。在这个过程中，又有5架Do-17在希腊的机场上被意大利空军炸毁，只有2架最终逃到埃及，参加了英国皇家空军。4月15日下午4时，赫尔曼·戈林命令第四航空队司令亚历山大·勒尔上将停止对南斯拉夫的空袭，转而投入希腊战役。可以说，到这时为止，南斯拉夫王家空军已不复存在。

“南斯拉夫委员会”在1918年奥匈帝国投降时曾接收了后者的全部主力舰，但意大利人卑劣地偷偷击沉了其中最强大的无畏舰“联合力量”号，圣日耳曼和约又把其余的主南斯拉夫王家空军的霍克“飓风”战斗机。

力舰分配给了英、美、法、意等国，塞尔维亚只分到了12艘鱼雷艇、4艘扫雷艇、4艘内河炮舰和几艘小型辅助舰艇。随后组建的南斯拉夫王家海军规模不大，只担负沿岸警戒的任务。1925年，南斯拉夫以低价从德国购买了舰龄长达16年的老式巡洋舰“尼俄伯”号，改名为“达尔马提亚”号，用作训练舰，同时还购买了6艘M级扫雷舰。1931年，南斯拉夫海军从英国的亚罗公司订购了一艘1900吨的领舰型驱逐舰，装备从捷克斯科达公司订购的火炮，取名为“杜布罗夫尼克”号。1934年，正是这艘驱逐舰把亚历山大国王送往马赛，稍后又把他的遗体运回南斯拉夫。

1937年，南斯拉夫海军委托法国卢瓦尔工程公司，为它设计了一级尺寸较小的驱逐舰，排水量1230吨，搭载4门120mm炮。其中首舰“贝尔格莱德”号由卢瓦尔公司在法国南特的船厂建造；“萨格勒布”号由该公司设在南斯拉夫斯普利特的船厂建造；第三艘“卢布尔雅那”号则在克罗地亚的克罗耶维察船厂建造，主机从英国亚罗公司订购，火炮仍采购自斯科达公司。到1939年，卢瓦尔工程公司以法国海军“空想”级大型驱逐南斯拉夫王家空军的伊卡鲁斯IS-2战斗机。伊卡鲁斯飞机工厂位于贝尔格莱德市郊的泽蒙，除了生产IS型飞机外，还负责组装“多尼尔”、“梅塞施密特”、“布伦海姆”、“霍克”等进口飞机。

舰为基础，又为南斯拉夫海军设计了一艘2400吨的领舰型大型驱逐舰“斯普利特”号。这艘船也是用购自国外的材料在科托尔港建造的，但是还没有完工，就被意大利军队俘获了。

除了这几艘主要的水面战舰外，南斯拉夫王家海军还拥有水上飞机母舰“龙”号、4艘潜艇、7艘扫雷艇和5艘布雷艇，8艘奥匈帝国海军留下来的老式鱼雷艇和10艘新式的鱼雷快艇，4艘炮艇，2艘潜艇供应舰和1艘潜艇救捞船，2艘油船，17艘拖船，2艘训练帆船，以及2艘王室游艇，在多瑙河上还有4艘老式浅水炮舰和2艘巡逻艇。

面对强大的意大利海军，南斯拉夫海军在战争爆发后的主要任务是对沿海进行布雷，实行防空和警戒，并对意大利在达尔马提亚沿海的飞地扎拉（扎达尔）发动骚扰式袭击。4月9日，“贝尔格莱德”号驱逐舰和10艘鱼雷艇配合扎达尔附近的第12步兵师发动了这样的进攻，但意大利人于4月13日发动反攻后，南斯拉夫海军就把这些舰艇撤到了黑山的科托尔港。南斯拉夫海军航空兵的一些巡逻飞机炸伤了从巴里港驶往扎达尔的意

1939年4月，停泊于斯普利特港的南斯拉夫海军战舰。画面最右侧向左依次是驱逐舰“萨格勒布”号和“卢布尔雅那”号（尚未全部完工），王室游艇“提哈”号（原为1902年建造的英国海军部游艇“希拉”号，后由南斯拉夫购买）。栈桥左侧是拖到岸上的一艘拖船（30年代中期购自德国）和两艘海关巡逻艇，栈桥远处停泊着一艘近海客船和三艘港务船，以及驱逐舰“杜布罗夫尼克”号。

大利油船，空袭了阿尔巴尼亚的都拉斯港。4月12日，1架Do－22水上飞机发现一支由8艘驱逐舰和12艘商船组成的意大利护航队正在横穿亚得里亚海，就英勇地对其发动了有去无回的自杀式攻击。

但是，个别海军军人的英勇无助于扭转南斯拉夫海军整体上的消沉状态。意大利本来预料，南斯拉夫海军会对前往阿尔巴尼亚的运输队发动袭击，但南斯拉夫的军舰从未离开主要基地科托尔。到4月17日意军占领这处海军基地时，南斯拉夫的主要水面舰艇就在那里原封不动地让意大利军队逮住了。唯一的例外是“萨格勒布”号驱逐舰，两名海军军官牺牲自己的生命把它炸掉了。由塞尔维亚水手操纵的1艘潜艇和2艘鱼雷快艇逃离科托尔，前往埃及亚历山大，在那里参加了盟国海军。南斯拉夫海军航空兵的10架水上飞机逃往希腊，另外9架逃往埃及，英国皇家空军把它们改编为一个南斯拉夫中队，在中东和东地中海作战。

被俘获的南斯拉夫海军舰艇立即被换上意大利舰员，加入意大利海军服役。“杜布

罗夫尼克”号和“贝尔格莱德”号分别改名为“普雷穆达”号和“塞班尼科”号（“卢布尔雅那”号保留原名，但改成了意大利文拼写）；4艘最好的鱼雷快艇被改编为第24鱼雷快艇支队；意大利人把科托尔改名为“卡塔罗”，在该港船坞中被俘的“斯普利特”号未完工船体被改名为“卡塔罗”号。意大利人试图把它继续造完，但这艘大型驱逐舰在1943年7月下水之后，很快就被投降盟国的意大利军队凿沉了，以免被德军俘获。其余的南斯拉夫被俘舰只或多或少都处于失修状态，由于要不间断地进行修理，以致服役不足而麻烦有余。到1943年意大利投降时，这些旧舰又被德国人俘获了一次，其中许多在战争快结束的时候被盟军飞机炸沉，没有幸存到大战结束。

影响南斯拉夫军队战斗力的主要因素，除了装备和交通联络差、军火不足、武器落后外，塞尔维亚人和克罗地亚人之间的分歧也产生了很坏的影响。克罗地亚士兵通常由塞尔维亚军官指挥。他们对这些军官既不信任，又害怕或鄙视。响应号召参军的人往往

1. 南斯拉夫海军“斯普利特”号驱逐舰，排水量2400吨，搭载4门127mm炮、12门40mm博福斯炮、5具533mm鱼雷发射管，航速31.5节。该舰大部分进口关键部件在1940年意大利参战后被征用或遭禁运，因此建造进度被耽搁，1941年被意大利俘获。意海军计划将其建造完毕，换装本国的135mm、37mm和20mm炮，但工程一再拖延，1943年意大利投降时该舰被凿沉。德国将其打捞出水，至1945年斯普利特港被南游击队和英国海军解放时，其船壳已处于半沉状态。战后南斯拉夫将其拖往里耶卡继续建造，安装英制锅炉和主机，以及购自美国的舰炮，1958年竣工，此后长期用作南斯拉夫海军旗舰，20世纪70年代末因锅炉爆炸而改为训练舰，1980年退役，1986年解体。

2. 1941年4月在科托尔港被意大利俘获的训练舰“达尔马提亚”号，其右侧停靠着一艘“马林斯卡”级布雷舰。

3. “达尔马提亚”号的舰尾。其内侧是潜艇供应舰“赫瓦尔”号。

领不到装备，住不进营房。乌斯塔沙分子一直在克罗地亚人部队中进行惯常的煽动和破坏活动，甚至在塞尔维亚的部队中，纳粹也找到了自己的代理人，即塞尔维亚法西斯组织“南斯拉夫国民运动”的成员。这些人的领袖是迪米特里耶·廖蒂奇，他和被放逐到国外的前首相斯托亚迪诺维奇关系密切。

在种种导致南斯拉夫战败的原因中，最糟糕的是在南斯拉夫总参谋部战前制订的作战计划中，企图防守从斯洛文尼亚直到马其顿的整个广阔的外围地带，却不集中兵力于内地山区的若干强固阵地，这个战略计划根本行不通。南斯拉夫总参谋部原本以为袭击将来自西北方的德国和意大利，或者正北方的匈牙利，但集结在保加利亚西部的德军却从意料不到的地方发动了出乎意料的攻击。

希特勒决定征服南斯拉夫，从而改变了原来只涉及到希腊的“马里塔计划”，这考验了德军最高统帅部临时应变的能力。对南斯拉夫的侵略加大了德军的负担，但也带来

1. 在科托尔港被意军俘获的一艘运兵船。

2. 停泊在科托尔港的PK-691号老式鱼雷艇。

3. 攻入尼什的德军第1装甲集团，1941年4月10日。

4. 在莫拉瓦河谷同南军发生小规模战斗的德国第294步兵师。

5. 南斯拉夫军人向德军投降。这些军人头戴法式亚德里安盔。

6. 南斯拉夫第6师某部在溃散前夕分发面包。

了好处。现在，利斯特元帅的第12集团军可以绕开横亘在希腊–保加利亚边界上的“梅塔克萨斯防线”，沿着瓦达河和马其顿地区南下，穿过防守力量薄弱的希南边界，直指萨洛尼卡。

在索菲亚的西北面，冯·克莱斯特指挥的装甲部队从第12集团军中分离出来，组成了第1装甲集团，以第14装甲军的第11装甲师为先导，后面跟着该军的其余部队——第5装甲师、第294步兵师和第4山地师，以及第41摩托化军和第11军，于4月8日越过南保国境，随后转而向北，向扼守着塞尔维亚“旧王国”南北交通咽喉要道的尼什进军。由塞尔维亚人组成的南斯拉夫第5军在这个方向上进行了激烈抵抗。但是在大炮和空军的掩护下，克莱斯特的装甲部队穿过由反坦克壕和反坦克炮兵部队组成的坚固防线，在发动进攻的第二天就抵达了尼什。第3集团军司令米兰·奈迪奇将军被德国人的凌厉攻势吓得目瞪口呆，命令他麾下的所有部队渡过莫拉瓦河，撤往多山的河西岸地区，莫拉瓦河谷这条从尼什到贝尔格莱德的唯一便捷通道现在向冯·克莱斯特的装甲部队彻底敞开。4月10日，第5装甲师调头向南，进攻勒斯科瓦奇，以切断南军退路。在确信尼什方面的主要战斗已经结束后，第5装甲师于4月11日调离第12集团军，转隶于南边的第40装甲军，投入希腊战役。

4月10日，第14装甲军抵达尼什西北边的军工重镇克拉古耶瓦茨。南斯拉夫第5军试

图在那一带组织抵抗，但是被完全粉碎了，5000多人被俘。克拉古耶瓦茨兵工厂的经理极为勇敢，在德国坦克隆隆开来时，他下令把军械库中的所有武器分发给全厂的几千名雇员。其中一些人在德军进城前就把武器丢掉了，但另外一些人在那年夏天开始的游击战中使用这些武器给德军带来了深远的麻烦，并招来了德军的疯狂报复。4月11日，德军先头部队突入正在溃散的南斯拉夫第6军中间，此时第14装甲军距离贝尔格莱德已经不到70公里了。

在北方，轴心国部队推进得更快。马克西米连·冯·魏克斯上将的第2集团军在3月底接到进攻南斯拉夫的任务，此时他的军队正散布在欧洲各地：他本人和幕僚在慕尼黑，许多部队在法国，第14装甲师在运往苏联边界的途中。这个师接到命令后通过匈牙利的铁路系统南下，在那里与从法国开来的第8装甲师和第16摩托化步兵师会合，组成第46摩托化军，由海因里希·冯·菲廷霍夫上将指挥。同时，第49山地军、第1山地师和第51军、第52军在奥地利南部集结，准备攻入斯洛文尼亚。

在第2集团军发动全面进攻之前，先期抵达南斯拉夫边境的德军山地部队不愿意无所事事地等待他们的战友，早在4月6日清晨便发动了大胆的越境袭击，抢占了巴雷什的一座公路桥和科普里沃伊察西北的一座铁路桥，并在穆拉河和德拉瓦河的对岸建立了桥头堡。在巴雷什占领公路桥的那支越境部队很快就不耐烦了，他们在指挥官的带领下又占领了一座高地，接着又穿过山间小路，划着皮筏子渡过一条小河，在4月8日占领了斯洛文尼亚的第二大城市马里博尔，一路上根本没有遇到值得一提的抵抗。另一支属第51军183步兵师的部队骑着自行车，占领了马里博尔东北的穆尔斯科–斯雷迪切，一路上一枪未发。

驻守在南斯拉夫北部的第4集团军实际上根本就没想好好抵抗德国人，因为该集团军的绝大多数成员是克罗地亚人，在乌斯塔沙渗透分子的宣传下，他们将德国人视为把自己从塞尔维亚人暴政中解救出来的解放者。3个克罗地亚团一枪未发就开了小差，有些部队公开倒戈攻击塞尔维亚人。在穆拉河和德拉瓦河的两岸，许多克罗地亚部队发生了哗变，拘捕或打死了塞尔维亚上级军官，接管了桥梁和桥头堡，然后翘首企盼德国军队的到来。此外，入侵部队还可以从居住在斯洛文尼亚和伏伊伏丁那的日耳曼人，以及居住在克罗地亚–斯拉沃尼亚地区的马扎尔人那里获得帮助。一个在德军中服役的奥地利人回忆道："当我们进入那些村子时，他们给我们送来鲜花和酒。最初的几天就像一场充满鲜花的战争。"只是在斯洛文尼亚边境地区，塞尔维亚人和斯洛文尼亚人组成的小股部队进行了一些激烈却无济于事的零星抵抗。

4月10日凌晨，德国第2集团军的步兵部队穿过斯洛文尼亚与施蒂里亚之间的德南边界，进入南斯拉夫领土，当天下午进入萨格勒布市区，受到城中狂热分子节日般的夹道

1. 攻入马里博尔的德军部队。

2. 斯洛文尼亚边境的日耳曼人迎接德军到来。

3. 德国第2集团军司令冯·魏克斯（右）。

欢迎。第8装甲师和第16摩托化步兵师在同一天从匈牙利南部越境，在德拉瓦河和萨瓦河之间快速推进，一路上没有遇到任何抵抗，因为负责守卫这一带边境的南斯拉夫第4集团军早已溃逃。4月11日，第8装甲师攻占奥西耶克；4月12日凌晨，该师又占领了米特罗维察，抢占了萨瓦河上的两座关键性桥梁。当天傍晚，第46装甲军接到新命令，第8装甲师绕向贝尔格莱德南方，与从保加利亚攻来的第14装甲军会合，切断南军的退路。第16摩步师转而向南进攻萨拉热窝。

格奥尔格·汉斯·莱因哈特指挥的第41装甲军（包括党卫军“帝国”摩托化步兵师和“大德意志”摩托化步兵团，即赫赫有名的党卫军“大德意志”装甲师的前身）也被纳入了第1装甲集团。这支部队当时正部署在罗马尼亚的巴纳特地区，准备南下进攻希腊。它的位置在第14装甲军北边，第46装甲军东边，由于地理位置的缘故，是离贝尔格莱德最近的一支部队。4月11日，第41装甲军的先头部队越过边境，在没有任何险路阻隔的伏伊伏丁那平原上一路飞速推进，当天晚上占领了离贝尔格莱德不到20公里的潘策沃。

4月12日一整天里，德军最高统帅部一直在焦急地等待着攻克贝尔格莱德的消息。当时北、南、东三支进攻部队离贝尔格莱德的距离大致相同，而根据最后的战报，第41装甲军是离该城最近的，但是多瑙河上的桥梁已经都被炸断，因此最高统帅部推测南边的第14装甲军最先入城。

1. 弗里茨·克林根勃格（1912~1945），出生于德国北部梅克伦堡的一个乳品场主家庭，高中毕业后进入罗斯托克大学学习历史，1934年参加党卫队。他因夺占贝尔格莱德的大胆行动获得骑士十字勋章，后提升至党卫队旗队长（约相当于上校），1944年任武装党卫军第17掷弹师师长，1945年3月22日在萨尔地区指挥部队同美国第15军作战时阵亡。

2. 党卫军“帝国”师开入贝尔格莱德，1941年4月13日。背景的大桥是德国空军在空袭中特地留下来的。

1

4月12日清晨，党卫队“帝国”师的弗里茨·克林根勃格上尉和他的摩托化连离开潘策沃，沿着多瑙河河岸进行巡逻。他们发现德国空军在轰炸时特意留下的唯一一座桥梁已被南斯拉夫工兵炸断。克林根勃格的连队没有皮筏子，也没有架桥工具，但他的手下在多瑙河北岸发现了1艘摩托艇，克林根勃格决定试一试。当天中午，他带着1名排长、2名军士和5名士兵开始渡河，途中波涛汹涌，差点翻船。

抵达多瑙河对岸后，克林根勃格派两个人回来接增援人员，他自己则带着6个人向敌人的首都市区前进。这支小分队遇到了20名南斯拉夫士兵，对方被突然出现的德军吓得目瞪口呆，未经反抗就投降了。过了一会儿，有几辆南斯拉夫军车前来阻挡他们。经过短暂的交火，克林根勃格和他的手下夺取了这些车辆。他们碰到了一个日耳曼裔商人，后者志愿带他们去南斯拉夫陆军部。在那里，他们发现大楼早在前些天的空袭中被抛弃，楼里空无一人。克林根勃格一行随后前往德国公使馆，在那里受到德国陆军武官的热烈欢迎。下午5点，他们在德国公使馆楼上挂出了一面巨大的万字旗，宣告2000年来入侵者对这座城市的第43次占领。2个小时后，贝尔格莱德市长和其他官员出现在公使馆，正式宣布首都投降。4月13日，即复活节那天，德军主力部队进入贝尔格莱德。

克林根勃格大胆而鲁莽的行动也是德军在南斯拉夫战役中的总体特点。从一开始，德军的入侵就与心理战、恐吓和虚张声势相结合。这与其说是一场战争，倒不如说是一

次精心组织的恐吓行动。克林根勃格被授予骑士十字勋章，并且由此开始了宣传“武装党卫军英勇无敌、所向无敌”的神话。

在南斯拉夫政变后不久，专门喜欢危言耸听和滥许报酬的希特勒就向匈牙利摄政王霍尔蒂海军上将递交了一封信，表示如果摄政王此时愿意参战的话，德国将满足匈牙利的“全部要求”，并将不顾意大利的反对，在亚得里亚海给匈牙利一个出海口。在4月1日于布达佩斯举行的最高国防会议上，匈牙利的部长们取得了一致意见，答应加入到对南斯拉夫的战争中，但要等到德军越过萨格勒布以后才行动，而且，只推进到旧匈牙利王国的边界，即多瑙河和德拉瓦河一线。

匈牙利首相泰莱基伯爵是个老式的、有荣誉感的人，匈牙利与南斯拉夫缔结有友好条约，这个条约是4个月以前才签订的。泰莱基决不相信德国会取得战争的胜利，当德意日签订三国公约时，他也不相信意大利作为轴心国盟主之一能保持独立自主。希特勒的最后通牒要求泰莱基，必须亲手撕毁他亲自签订的匈南条约。主动权从他手中被夺去了：匈牙利总参谋长韦特将军是德国血统，他已经背着匈牙利政府同德国最高统帅部作出了安排，

1. 开入诺维萨德的匈牙利军队。

2. 德军和保加利亚军队开入斯科普里。

3. 德军士兵在贝尔格莱德市郊阿瓦拉山的塞尔维亚“一战”无名烈士墓前合影留念。

同意德军过境。4月2日晚上，丘吉尔给泰莱基发去警告：如果匈牙利参加德国对南斯拉夫的任何行动，英国将对它宣战。与此同时，韦特将军则警告说，拒绝德军过境势必导致德国对匈牙利宣战。当晚9点，泰莱基伯爵回到首相官邸桑多尔宫后，开枪自杀，从而挽救了他自己的名誉，却没能挽救他的国家和人民。

4月12日，匈牙利军队开入南斯拉夫境内，翌日晚上进入诺维萨德。

4月15日，保加利亚王国也和南斯拉夫中断外交关系，保加利亚军队跟在德军后面进入了马其顿。而按捺不住的意大利军队，则早已于4月10日从斯洛文尼亚和阿尔巴尼亚的两个地方越过边界，占领了卢布尔雅那和科托尔。

贝尔格莱德投降后，塞尔维亚和黑山的战斗情绪依然强烈。根据南斯拉夫总参谋部制订的R−41作战计划，战斗力最强的第3集团军将进攻意属阿尔巴尼亚，然后和希腊与英国部队会合，像“一战”那样再建立一条“萨洛尼卡战线”，一直坚守到战争结束。可是不久之后，南斯拉夫的军事统帅们就承认，这场战争恐怕要打败。不久，南斯拉夫政府便从遍地废墟的贝尔格莱德迁往萨拉热窝附近的帕莱。克罗地亚人领袖马切克博士决定留在即将沦陷的克罗地亚，和自己的人民共命运，而委派他的同事克尔恩耶维奇，代表克罗地亚农民党去参加南斯拉夫流亡政府。在克尔恩耶维奇到达帕莱的那一天，南斯拉夫政府的大臣们都主张把政府迁往黑山，组织力量抵抗。但是到4月14日夜间，流亡

到黑山的尼科希奇的南斯拉夫政府终于作出了决定：国王和内阁成员趁还能逃脱时火速离开，武装部队则向轴心国投降。空军司令米尔科维奇把剩下的所有大型飞机都调到了尼科希奇。年轻的彼得二世在黑夜中登上一架狭窄的Do-17K轰炸机，飞往雅典，希腊沦陷后又逃往耶路撒冷，随后前往开罗。他把南斯拉夫流亡政府丢在那里激烈争吵，他自己则和母亲一道前往英国，于当年秋天进入剑桥大学攻读国际法。

4月17日，在波斯尼亚逃难的钦察尔-马尔科维奇不幸被德国人发现。他们把他塞上一架飞机，运回贝尔格莱德。在德国人眼里，他是南斯拉夫最后一届合法政府的代表。于是他代表南斯拉夫政府，让被俘的陆军大臣米兰·奈迪奇将军代表南斯拉夫最高统帅部，在停战协定上签了字。南斯拉夫向德国、随后又向意大利、匈牙利和保加利亚投降，为时11天的南斯拉夫战役结束。一些南斯拉夫军官拒不投降，带着武器和部下进入山区。

在11天的战役里，德军战死疆场的只有115人，另有392人受伤，而南斯拉夫军队却有35万人成了战俘，其中25万（全部是塞尔维亚人）进了战俘营。不过，在比德军规模小得多、时间也短得多的战斗中，意大利军队的伤亡却不成比例地高达3300人，继那次有名的“战无不胜的意大利军队对希腊展开胜利进军”之后，再度为这场凄惨的世界大战平添了一点喜剧效果。

瓜分南斯拉夫

瓜分南斯拉夫，要比用武力征服南斯拉夫困难得多。希特勒从下令“把南斯拉夫消灭掉”的时候开始，就制订了关于南斯拉夫各族问题的各种荒唐的“解决办法”。4月初，希特勒对陆军发布了有关瓜分南斯拉夫的暂行指示。这个指示可以概括如下：

1、萨瓦河以北的斯洛文尼亚将并入德国的施蒂里亚和卡林西亚两个行政区。鉴于意大利人已经占领了该地区相当大的一部分，希特勒将致信墨索里尼，要求意军撤出；

2、多瑙河上富饶的巴奇卡地区，以及西北边较小的梅久穆列和普雷科穆列地区，将划给匈牙利，但居住在巴奇卡地区的日耳曼人（为数约30万，他们当中最早的是17世纪迁移到这里的）日后将予以迁移；

3、南斯拉夫所属的巴纳特，以及塞尔维亚，连同博尔的铜矿，将置于德国的军事管制之下；

4、南斯拉夫所属的马其顿将划归保加利亚；

5、克罗地亚将成为一个独立国；

6、意大利将决定其余部分的归属，包括波斯尼亚、黑塞哥维那和黑山，有可能使黑山恢复为一个独立国；

7、陆军，尤其是军备经济局，可以提出更明确的要求。

这个计划似乎是在4月12日，即德军占领贝尔格莱德的前一天，在希特勒的大本营拟订就绪的。一个星期后，当意大利外交部长齐亚诺被召到慕尼黑去见德国元首时，希特勒提出许许多多在希腊作战的方案，但是不愿意讨论如何分赃的问题。他把这个问题留给里宾特洛甫去解决。4月21日，里宾特洛甫在维也纳会见了齐亚诺。他根本不像是在谈判，而只是把希特勒有关斯洛文尼亚的命令交给齐亚诺。这就是说，意大利可以获得那些没有并入德国的领土。但是，在发给墨索里尼的电报中，齐亚诺不安地指出，这样一来，德国边界（即萨瓦河）离卢布尔雅那就只有不到3公里远了。但是里宾特洛甫反复指斯洛文尼亚第二大城市马里博尔成为被并入德国的“下施蒂里亚”地区的首府，挂出德国国旗，准备迎接希特勒的视察。

出，这条边界是元首斩钉截铁地划定的，那就应当被认为是最后的边界。7月8日，两国在柏林签署了一项协定，批准了这条边界。德国人因此吞并了斯洛文尼亚大约3/4的地方，此外还包括沿着旧日哈布斯堡帝国卡林西亚省边界的一条狭长地带，以及前卡尼奥拉省一些零零碎碎的地方。

斯洛文尼亚人在许多方面（文化修养、经济水平、温顺程度）都像捷克人，因此希特勒决定，像对待捷克人那样对待他们。在德国吞并了这部分地区后，斯洛文尼亚知识分子和专业阶层被大批押送出境，比较幸运的被押送到克罗地亚和塞尔维亚，运气较差的则被押送到德国的集中营，许多人被随便找个借口就杀害了。比萨拉比亚和波斯尼亚的日耳曼人被移来定居，以代替逃亡的或被放逐的斯洛文尼亚人。对留下来的80万斯洛文尼亚人（大多是文化程度较低的劳动人民），德国人则采取大规模镇压和强制日耳曼化的做法，企图予以同化。德国人对他们说，他们事实上都是日耳曼人，能够很容易地重操他们本来的母语——德语。德国人组织了一个“施蒂里亚同乡会”，帮助斯洛文尼亚人恢复他们的“日耳曼民族记忆”。适龄而又没有明显敌对情绪的斯洛文尼亚青年都被征召加入了德国陆军。

除了斯洛文尼亚之外，德国人还想攫取塞尔维亚，以及1919年以前属于匈牙利而后来划归南斯拉夫的一部分巴纳特地区。这两个地区都有德国人想直接控制的经济资源，包括博尔的铜矿、特列普察的铅矿、克拉古耶瓦茨的兵工厂和克拉利耶沃的飞机制造厂。巴纳特地区的德裔比较多，德国在这一地区的行政管理可以依赖为数众多的德语居民。柏林的最终目标是在巴纳特成立一个日耳曼国家，将来有可能的话，还要把匈牙利东南部的巴奇卡、巴兰尼亚以及匈雅德瓦尔-萨克森地区囊括进来。

希特勒拿下塞尔维亚本部，原是为了要挫败塞尔维亚人的锐气，所以他就本着这样的精神进行统治。于是，塞尔维亚人就与波兰人和犹太人一样遭到残酷的虐待。如果有1个德国人在那里被杀死，就要处决100个塞尔维亚人作为报复（在欧洲的其他地区，这一比例通常是1∶50）。有好几个月之久，德国人找不到一个塞尔维亚卖国贼愿意出来组织政权，甚至连塞尔维亚法西斯运动的头子迪米特里耶·廖蒂奇也不愿意出面。这也是德国陆军把塞尔维亚置于自己直接的军事管制之下的原因，而塞尔维亚的德国占领军则隶属于雅典的武装部队东南欧总司令。但在8月30日，米兰·奈迪奇将军同意担任贝尔格莱德傀儡政府的头子。这位将军从不认为自己是吉斯林式的人物，而是受到国王的托付，在异常困难的环境中设法为塞尔维亚保全实力。德国人给予奈迪奇有限的权利，让他组建“救国政府”，并招募一支小小的部队，称为“塞尔维亚国家警备队”。但这只是一支三心二意的辅助部队，德国人只能从那些为廖蒂奇服务的、为数不多的“志愿兵”那里找到可靠的合作者。此外还有一支武装，就是官方的“切特尼克”组织。它过去一度作为非正规部队在反抗土耳其人的战争中立过功，但在老朽的英雄科斯塔·佩察维纳的领导下已经蜕化，现在宁愿投靠占领者当局，来对付1941年夏天在塞尔维亚各地拉帮结伙起来暴动并拼死反抗的激进分子。

德国的意图是要把塞尔维亚的地位尽量降低，以免它再度成为“一个活跃而危险的耍弄阴谋诡计的中心”。有了这样的看法，保加利亚、罗马尼亚、匈牙利、意大利和克罗地亚以牺牲塞尔维亚为代价的领土要求，就或多或少地都会被认可。4月19日，希特勒在接见保加利亚沙皇鲍里斯时，答应把整个马其顿划给保加利亚。齐亚诺听到这事大吃希特勒视察马里博尔，1941年4月26日。

一惊，因为意大利一直希望把马其顿的相当一部分地区划给阿尔巴尼亚。经过协调，德国同意把马其顿西部自奥赫里德湖起的一条狭长地带以及科索沃平原划给意大利，并入阿尔巴尼亚。这些地区的居民基本上全是阿尔巴尼亚人，他们无不欢迎这个与塞尔维亚人算老账的机会。但科索沃首府普里什蒂纳西北边的米特罗维察留在塞尔维亚，奥赫里德湖东边的突出部分留给保加利亚，因为这两个地区有德国经营的矿山。

于是，保加利亚吞并了大半个属于南斯拉夫的马其顿地区（或称瓦达马其顿），以及巴尔干战争前塞尔维亚“旧王国”南部的一些地方。德国虽然否决了保加利亚人的正式兼并，但保加利亚却把瓦达马其顿看做是解放了的保加利亚领土，把这些地方的居民当做保加尔人，企图以此一劳永逸地解决这个复杂的问题。瓦达马其顿人看到南斯拉夫王朝是这般结局感到很高兴，但不久他们就对保加利亚王朝同样感到愤懑了。

匈牙利在它占领的巴奇卡地区以及梅久穆列–普雷科穆列地区推行的是一种残忍得多的马扎尔化政策。多瑙河以北这两处平坦地区的历史，在1941～1944年之间一直相对平静无事，因为这类地形是一支占领军所容易控制的。接近1941年一年底时，巴奇卡的一德国人自一开始就在塞尔维亚实行残暴的占领政策。4月12日，在占领潘策沃的第二天，德军从街道上任意抓来50名上班的职员和进城的农民，当众绞死，作为头一天晚上在战斗中被打伤的德军士兵的报复。

部分塞尔维亚人开始变得倔犟起来，与此同时，匈牙利军队在诺维萨德展开大屠杀，一共杀死了3000多名塞尔维亚人和犹太人。这件事之后，许多住在伏伊伏丁那地区的塞尔维亚人都逃往西南的波斯尼亚，在那里组成了游击队主力部队的一个师。诺维萨德大屠杀甚至在匈牙利也造成了亲纳粹一派和开明派之间的紧张关系。对此事负责的匈牙利军官（主要是一些沙文主义者和反犹太主义者）被匈牙利军事法庭起诉，亲德的陆军大臣巴尔塔将军也被解职了。

在1942年，匈牙利占领军颁布了新的法令，规定占领地区的“定居者”，即第一次世界大战以后移居这些地区的南斯拉夫人，都要被赶入集中营，匈牙利作为替代者搬到了这里。在奥匈边界的沙尔瓦尔集中营，匈牙利关押了18000名来自伏伊伏丁那的塞尔维亚人和680名来自梅久穆列–普雷科穆列地区的斯洛文尼亚人。被关押者在集中营里受到非人的虐待，恐吓和殴打是家常便饭，冬天气温降到零下30度，被拘禁的人不断死亡，塞尔维亚傀儡政权头目奈迪奇将军视察由白俄侨民组成的“塞尔维亚志愿部队”。

老人和孩子被迫从垃圾堆里找吃的。一直到1943年德国人在斯大林格勒失败后，这些南斯拉夫移民的待遇才好些，被匈牙利地主当做农奴买去，在庄园里干活。

“克罗地亚巴昂自治辖区”的首府萨格勒布在4月10日凌晨同贝尔格莱德失去了联系。乌斯塔沙分子早在德军到来之前就占领了俯视全城的高地，接管了城中的重要部门和公共机关，挂出了克罗地亚的红白蓝三色旗、白旗和德国的万字旗。4月10日早晨，帕韦利奇的副手克瓦特尼克已经公然在萨格勒布露面，以“独立的克罗地亚国元首”的身份发表广播，并在当天下午迎接德军入城。两天后，帕韦利奇宣布自己为“克罗地亚独立国”的元首。4月15日，德意两国对此予以承认。

对于克罗地亚和黑山的处分方法，按照德国人的方案，意大利人是完全可以自行做主的。但是4月21日，里宾特洛甫却对萨伏伊王室要为克罗地亚立一个国王的建议表示不同意，同时在意大利激进分子对整个达尔马提亚地区的领土要求中，掺杂了一些有利于

匈牙利和克罗地亚人的建议，比如把阜姆港归还给匈牙利人使用。但是到第二天，在和希特勒商议后，这位外号“德国头号鹦鹉”的德国外长就不再坚持自己的意见了。希特勒更愿意让意大利人和克罗地亚人为如何划定达尔马提亚边界而争吵，他自己最后以仲裁人的身份出面加以修改。德国关注的是要保证在整个巴尔干半岛上控制一切基本的经济资源和交通，至于阜姆或者斯普利特的主权在理论上是否应当属于意大利，那是一个次要的问题。对于意大利王室，希特勒既瞧不起也不信任。如果克罗地亚人要求元首把他们从萨伏伊王朝的统治下解放出来，那倒是很符合他的胃口的。

4月25日，齐亚诺在卢布尔雅那会见了领取意大利津贴多年的安特·帕韦利奇，四周是帕韦利奇的那帮乌斯塔沙暴徒。帕韦利奇说，意大利人对整个达尔马提亚地区提出的领土要求将使他丢掉自己的领导地位。他提出反建议，把1915年《伦敦条约》中协约国允诺给意大利的那部分达尔马提亚割让给意大利，其余部分则归“克罗地亚独立国”所有。帕韦利奇的追随者比他更为激进，他们援引统计数字证明，在达尔马提亚，“只有石头才是意大利的”。

1. 意大利军队在萨格勒布趾高气扬地列队行进，1942年春。

2. "克罗地亚国王托米斯拉夫二世"艾米奥内亲王（1900~1948），是意大利萨伏伊王朝第二代奥斯塔公爵的次子，曾祖父是意大利国王维多里奥·埃曼纽尔二世，4岁时被授予不能世袭的斯波莱托公爵爵位。1939年娶希腊国王康斯坦丁一世的女儿伊琳娜。1942年，其长兄（埃塞俄比亚总督）在英国战俘营中病逝，艾米奥内继承了奥斯塔公爵的爵位。1943年意大利投降后他随意大利王室逃往南方，在塔兰托基地指挥一支海军分舰队。1946年意大利废除君主制后，随其他萨伏伊王室成员一道被放逐国外，1948年在布宜诺斯艾利斯去世。

墨索里尼也同意帕韦利奇的意见，因为他确信在目前这个阶段，把他自己卵翼下的这个傀儡弄得瘫痪不灵，那将是非常愚蠢的。把克罗地亚吸引到轴心国的政治轨道上来，比多获得一小片住着怀有敌意的克罗地亚人的领土要好得多。不过，在他看来，斯普利特港一定要划归意大利，但应以谈判不破裂为限。齐亚诺则在日记里写道："为了挽救一个只有纪念碑才属于意大利的城市，因而失去对一个辽阔而富饶的王国的控制，找这样的麻烦真的值得吗？石头的权利固然不容否认，但活人的权利要强有力得多。"不过这位外长坚决要求得到库尔佐拉和布卡里两处岛屿，因为他的父亲在第一次世界大战期间曾经在这里指挥意大利海军抗击奥匈帝国海军。布卡里战役在"一战"中名声响当当，老齐亚诺因此被授予柯泰拉佐伯爵的爵位。小齐亚诺希望在布卡里岛上为他去世不久的父亲立一座纪念碑。

墨索里尼与帕韦利奇经过激烈的讨价还价——特别是在斯普利特（意大利人称之为斯波拉托）的归属上——最后两人一致同意，意大利将获得从扎拉以北直至斯普利特以南的一条达尔马提亚沿海地区，这样它就可以控制几座重要的铝土矿。作为补偿，意大利放弃了对达尔马提亚内地的领土要求，因而这片地区的面积小于1915年《伦敦条约》允诺给意大利的领土。此外，一些沿海岛屿（但是不包括齐亚诺梦寐以求的布卡里）也归意大利所有。杜布罗夫尼克及其周围地区归克罗地亚，意大利则取得了更南边的海军基地科托尔，后将其更名为卡塔罗。划归意大利的这些地区合并成达尔马提亚省（法西斯分子称之为“历史上的达尔马提亚”），以扎拉为首府。此外，意大利还把整个波斯尼亚和黑塞哥维那都给了“克罗地亚国”，从而使其成为前南斯拉夫王国残骸中最大的一块政治遗骨。

与此同时，双方一致同意把克罗地亚的王位授予斯波莱托公爵。此人的曾祖父是维多里奥·艾曼纽尔二世，即当时的意大利国王维多里奥·艾曼纽尔三世的祖父。斯波莱托公爵的哥哥奥斯塔公爵在埃塞俄比亚成了战俘，否则他将获得克罗地亚的王位。另一位萨伏伊王室成员皮斯托亚公爵由于相貌不够漂亮而被否决。

意大利政府官员花了24小时才找到斯波莱托公爵的踪迹，当时这位“克罗地亚国王”正与一位年轻姑娘一起藏在米兰的某座饭店。5月18日，帕韦利奇带着一个代表团前往罗马，向斯波莱托公爵奉上了克罗地亚王冠和“托米斯拉夫二世”的王号。意大利政府苦心炮制了盛大的奉献王冠仪式，但罗马街头的公众却对此漠不关心。齐亚诺认为，只有一条消息能使意大利全国欢欣若狂，那就是同英国停战、宣布和平的消息。克罗地亚人从来没有认真地对待过斯波莱托公爵，因此他也无法认真地对待自己的这个新王国。斯波莱托在加冕之后精明地表示，无意涉足于动乱的克罗地亚，直到墨索里尼垮台和意大利势力在克罗地亚消亡为止，他一直住在意大利，从未踏上克罗地亚的国土。

当齐亚诺和里宾特洛甫在4月21日举行会谈时，黑山问题似乎是一个最简单和最被忽视的问题。里宾特洛甫同意它成为一个独立的国家，“通过宪法和政治的纽带同意大利联合起来”。可是，由于意大利王后艾琳娜是黑山末代国王尼古拉的女儿，她劝说自己的丈夫复辟彼得罗维奇王朝，好让她那些贫穷的、在法国靠领取贝尔格莱德津贴过活的穷亲戚登基为王。

尼古拉国王于1921年死在法国。他的大儿子“达尼洛，那个终生放荡的达尼洛”（墨索里尼语）死于1939年，没有后代；二儿子米尔科1918年便去世了，留下一个叫米乌斯塔沙组织在萨格勒布街头举行阅兵仪式，庆祝“克罗地亚独立国”的成立。1941年4月12日。

哈伊洛的10岁儿子，也就是意大利王后的外甥。他在法国沦陷后被德军逮捕并软禁在德国康斯坦茨湖畔的一座城堡里。可是，尽管里宾特洛甫和齐亚诺轮番去拜访他，米哈伊洛却不答应出面担任“黑山独立国”的傀儡。于是德国人只好把他继续关在城堡里。1943年初，在艾琳娜王后的不断吁请下，德国人释放了这位王子，让他返回法国定居，但意大利投降后，米哈伊洛再次被逮捕，和妻子一道被关入德国东部的一所集中营。米哈伊洛的儿子出生后，德国人对他们的待遇稍微好了一点，把这一家人转移到苏台德区的一座城堡里。“二战”结束后，统治新南斯拉夫的铁托元帅对于米哈伊洛不肯同德国人合作的气节十分赞赏，邀请其移居南斯拉夫，并出任外交部条法司司长。米哈伊洛参观了自1916年之后再未踏足过的黑山地区，发现这里的人对彼得罗维奇王朝的感情依然很深。这让铁托很生气，而米哈伊洛对铁托领导下的这个国度也很失望。所以在他1948年提出全家返回法国定居的要求后，铁托很快就满足了他的愿望。

米哈伊洛拒绝黑山王冠之后，意大利驻黑山专员带回一则消息，说一部分黑山人要求艾琳娜王后自己去当黑山女王。齐亚诺同意这个意见，但维多里奥·艾曼纽尔国王却激烈反对妻子想凭自己的头衔去统治一个国家的计划。国王建议把黑山王位交给彼得罗维奇家族的某个罗曼大公之子，但此人也拒绝充当意大利人的傀儡。国王建议继续考虑住在康斯坦茨湖畔的米哈伊洛亲王，如果他再拒绝，就考虑在黑山设立摄政。齐亚诺在日记里坦承，他从来没想到小小的黑山竟然要如此大费脑筋。同年晚些时候，黑山人按照古老的传统发动了起义。当局势发展到非用武力征服不可的时候，皮齐奥·比罗利中将被委派为驻黑山的军事总督，他发现在那里有很多事情要做。

就这样，被征服的南斯拉夫被分割为几个互不相干的独立部分，划分时未经周密考虑，而且对它的敌人的利益考虑得过多，对当地居民的利益考虑得太少，以致新问题频频出现。另外，在对南斯拉夫分赃、以及对南斯拉夫各民族应采取什么政策的问题上，德意两国一直争吵不休，这种争吵比什么都更加严重地破坏了它们之间的关系。

白鹰、万字和红星

1941年4月15日，那个在欧洲臭名昭著的恐怖分子安特·帕韦利奇成了法西斯克罗地亚国的首领。次日他就任命了一个“国民政府”，这个政府仿效德国，颁布了区分“克罗地亚国民”与“克罗地亚公民”的法律，后者必须是雅利安人，而且从未“参与过反对克罗地亚人民解放运动的活动”。

除了从意大利人那里获得一个国王外，“克罗地亚独立国”还很快建立了自己的国会——其作用和古老的克罗地亚自治议会不同，而类似于其他法西斯国家的国会，用途通常仅限于鼓掌；还建立了自己的军队——克罗地亚国家警备队，它包括一支由轴心国缴获的南斯拉夫旧飞机装备起来的空军，以及一支仅限于在内河航行的海军；克罗地亚国家银行发行了名为“库那”（字面意思为“貂皮”）的纸币，以25:1的比率兑换德国马克。这个国家仿效其法西斯样板意大利，但是缺乏后者那种蒙骗了外国观察家多年的表面上的效率。虽然贪污腐化在巴尔干国家并不新鲜，但帕韦利奇的官员贪赃枉法却达到了前所未有的地步。

虽然这个傀儡国家的最高权力归根结底属于德意军队——两国军队以贯穿其中部的一条线为界，分占了这个傀儡国家——但平时行使权力的却是乌斯塔沙分子。这些政治阅兵仪式上的奥匈帝国克罗地亚军团老兵。

暴发户的礼仪和服饰师从意大利的法西斯党徒，手段师从罗马和柏林的街头恶棍，其头子帕韦利奇则授予自己“波格拉符尼克”（克罗地亚语“首领”之意）的头衔。这位“波格拉符尼克”的办公室很奇怪，一开大门便撞上帕韦利奇的办公桌。帕韦利奇后来对一位意大利军事记者解释说，这是保护他免遭行刺的一种手段。门一撞上桌子，刺客就会吃一惊，并因此停顿片刻，帕韦利奇就可以用事先准备好的、始终打开保险的手枪击毙对方。

乌斯塔沙运动的这位头领贪生怕死。在其统治“克罗地亚独立国”的4年时间里，他总共只有两三次在严密的保卫下穿过萨格勒布市区。帕韦利奇一搬进位于图什卡纳茨的别墅，这个公园就向公众关闭了，周围布满保镖和特务。帕韦利奇只吃从意大利带来的一个女厨子做的东西，而她又受到他妻子玛拉的严密监视。当帕韦利奇去罗马或柏林朝拜时，就用特制的箱子为他装上特制的食品，箱子由国务秘书埃利希·利萨克保管，而钥匙由帕韦利奇本人携带。

乌斯塔沙分子一上台，就开始在克罗地亚、波斯尼亚和黑塞哥维那全境，以骇人的克罗地亚“国民卫队”的轻装甲部队。“国民卫队”得名自奥匈帝国克罗地亚人的部队，最初包括16个步兵营和2个骑兵营、1.6万人，后扩充至13万人。

规模组织恐怖活动。“克罗地亚独立国”很快变成了一个大号的屠宰场，连希特勒的大多数文武官员对它都表示出极度的蔑视。

乌斯塔沙政权极度残暴而又腐败，因此在克罗地亚大失人心。在两次世界大战期间，一般的克罗地亚人都带有一种模糊的亲英情绪（他们从哈布斯堡王朝时代起就痛恨意大利人，而英国正在和意大利打仗）。但也有许多人被纳粹的宣传口号所迷惑，纳粹宣称德国是克罗地亚的朋友。许多克罗地亚人对哈布斯堡王朝保持旧有的好感，而德国正是哈布斯堡帝国的“天然继承者”。这些克罗地亚人当中有些是和平主义者，更多的人则无疑是失败主义者。他们受到哈布斯堡帝国（特别是匈牙利王国）那种彬彬有礼的贵族文化修养熏染，鄙夷却又害怕法西斯化和民粹化的乌斯塔沙分子。虽然克罗地亚老百姓厌恶塞尔维亚人，也不喜欢犹太人，但乌斯塔沙令人作呕的种种所作所为却更令他们毛骨悚然。绝大多数克罗地亚人此时仍然忠于克罗地亚农民党，以及它的领袖马切克博士。为了孤立马切克，防止发生有利于他的示威活动，乌斯塔沙分子在马切克的住宅外面布满了岗哨，从而在民众中引起了更大的怨恨。

克罗地亚人无法团结在帕韦利奇周围，主要还是因为他明显地过分依赖意大利人。他们发现意大利人从他们的“国土”上分出去一个达尔马提亚，而萨格勒布又事事听命于罗马，这实在是不能原谅的。反德的克罗地亚人并不多，但是，许多人已经开始担忧地注视着境内日耳曼民族的活动了。为了维持必要的交通线，格拉斯·霍尔斯特瑙统率的德国部队占领着克罗地亚北边所有的重要城市。这个事实，加上日耳曼民族在“克罗地亚国”享有的种种特权，激起了新的愤懑：根据1941年6月颁布的《克罗地亚国家法》和当年10月通过的一系列法律，居住在“克罗地亚国”的18万日耳曼人获得了极多的权力和治外法权。他们的领袖布拉尼米尔·阿尔特加耶尔成了国家行政长官，在日耳曼族人的所有内部事务上拥有“最高权力”；克罗地亚法院无权审判日耳曼人；日耳曼族的文官除了宣誓效忠帕韦利奇外，还向希特勒宣誓效忠；日耳曼族可以按照纳粹党的仪式悬挂万字旗，唱德国歌曲，穿德国制服和行纳粹敬礼，俨然是国中之国。事实上，克罗地亚人谁也不希望，这些日耳曼人继承“斯波拉宗”协议之前塞尔维亚官员们的权力和特权。为了在德国的世界体系中获得更高的地位，帕韦利奇在1941年底开发出一种新理论，宣布克罗地亚人其实是哥特人的子孙——这种亲德的言论使得他的老保护人墨索里尼甚为恼火。

在塞尔维亚，1941年春夏之交是一个难以形容的混乱时期。降临到南斯拉夫头上的这场大灾难如此突然而全面，使塞尔维亚人民筋疲力尽、斗志消沉。然而1941年夏天还没结束，一种高昂的乐观情绪就已鼓舞人民起来反抗，几乎把德军全部扫出塞尔维亚。希望的重新产生与民族活力的恢复主要是由于德国入侵苏联的消息所引起的。多数塞尔维亚人对俄国怀有一种斯拉夫人的兄弟情谊以及赞美之情。甚至连坚决反共、因痛恨处决沙皇全家而从不与苏联打交道、在贝尔格莱德长年保留了一个白俄“公使馆”的南斯拉夫王国政府，也在1940年6月和苏联建立了外交关系，而那正是德苏两国“蜜月关系”结束的那个月。1941年德国入侵南斯拉夫前夕，两国又匆忙缔结了友好与互不侵犯条约。但是在南斯拉夫随即遭到的严酷考验中，莫斯科却没有给它的这个新盟国以援助，反而撤销了对这个被瓜分国家的政府的承认。然而，当1941年6月22日苏联同样受到侵犯时，塞尔维亚人民却群情激昂，把这些往事一概抛诸脑后了。

德国对苏联的侵犯，给铁托提供了前所未有的机会。塞尔维亚的青年学生和知识分子不满旧南斯拉夫王国的贪污和压迫，在政治上一向倾向于“左派”。他们中有极少数人或许是马克思主义者，但即使是一个共产主义的俄国也能投合农民家庭浓厚的泛斯拉夫感情，而学生中有很多人正是来自这样的家庭。

在铁托的最亲密的合作者中，有一些干练而果断的人物。他们包括前南斯拉夫王国制宪会议议长的儿子伊沃·洛拉·里巴尔（他在1943年牺牲时年仅27岁），领导党的安全机构的塞尔维亚人亚历山大·兰科维奇，斯洛文尼亚人鲍里斯·基德里奇和爱德华·卡德尔，伏伊伏丁那匈牙利人科斯塔·纳吉，以及黑山人米洛凡·德热拉斯。其中一些人在西班牙内战中获得了丰富的军事经验，后来对南共的事业大有作用。

在德国人侵苏联之前，铁托认为共产党人的首要任务是不惜任何代价，使南斯拉夫不参与“帝国主义战争”。当希特勒开始入侵苏联时，共产国际发来了新的指示：“你们必须采取一切办法支持和帮助苏联人民的斗争。你们要在全国统一战线，实际上是在国际统一战线的口号下，发起一个对德意法西斯匪徒作斗争的运动。”于是，南共的政策发生了根本性的变化。这个要求虽然严厉，但也使南共得到了一个机会，使自己变成全国抵抗运动的先锋。在其后的5年中，爱国的热情以及对莫斯科指点的革命信条的忠心，这两股潮流合为一股强大的动力，终于使南共党人取得胜利，按照马克思主义路线重建自己的国家。

铁托的秘密总部最初设在萨格勒布，5月初，他在这里召开了南共代表会议，但马其顿的代表除外，因为南共马其顿省委书记沙托罗夫拒绝出席这次会议，他认为只有保加利亚党中央的决定才对他有约束力。会后，铁托转移到贝尔格莱德郊外的一座别墅中。铁托和南共中央在这里指挥了一系列破坏与反抗活动，指挥了对德军前哨部队的袭击以及对运输队的伏击。到1941年7月底，这类活动几乎遍及塞尔维亚全境，达到了近乎总起义的规模。南共政治局的若干委员组成了“人民解放游击队”最高司令部，由铁托担任总司令。到当年8月底，铁托已经能向莫斯科报告说：“德国人现在仅能踞守较大的城镇，大小村庄都在游击队手里。”此时莫拉瓦河以西、整个塞尔维亚西部地区的城镇、

克罗地亚飞行员马托•杜科瓦奇站在他的Me-109战斗机前。克罗地亚空军隶属于国民卫队，最初从德军那里得到了南斯拉夫空军的一些旧飞机，后来又接收了一些二流的法国、意大利和捷克飞机，以及德国淘汰下来的老式教练机和侦察机。其主力作战机种是50架Me-109和48架法制MS-406战斗机，62架Do-17轰炸机，以及30余架意制菲亚特和马奇战斗机。1944年10月10日，克罗地亚空军的1架菲斯勒Fi-167飞机被5架美国空军P-51“野马”围攻，其飞行员将Fi-167的机动性发挥到极限，击落了一架P-51，这可能是世界空战史上最后一次由双翼战斗机取得的战果。在“二战”期间，有多名克罗地亚飞行员投奔游击队或盟军，或逃到中立的土耳其。

村庄、河谷和通往波斯尼亚的道路，都已经被游击队完全控制，于是铁托离开贝尔格莱德，前往塞尔维亚西部和波斯尼亚接壤的地区。

到1941年底，南斯拉夫境内的游击力量已经组成了50多支较大的游击队支队、10个较大的独立营以及近百个游击小队（每队有30到50名战士）。游击队的人数为8万，尚不包括被游击队暂时婉拒的积极分子，因为当时一下子没有那么多武器。为了镇压游击队活动，占领军不得不增加在南斯拉夫领土上的兵力，长期保持着62万人的规模，编为30多个师，以及大批旅、团、独立营和特别分队。

与此同时，一小股一小股战败的塞尔维亚军人带着他们所保存的武器，也逃进了塞尔维亚西部的舒尔迪亚山区。前南斯拉夫王家陆军上校德拉扎·米哈伊洛维奇在5月11日来到这个地区的腊夫纳-戈拉（字面意义为“平顶山”），在林木繁茂的山坡上建立了自己的司令部。他是这里军衔最高的军官，许多曾在南斯拉夫军队中服役的士兵纷纷投靠到他的麾下。这些人也自称为“切特尼克”，但与那个勾结奈迪奇傀儡政权以及德国人的官方“切特尼克”组织是两回事。这些绿林中的切特尼克分子有意追求古怪的外貌，留着凶恶狰狞的大胡子，浑身武器，以画着骷髅头、写有“为了国王和祖国——不自由毋宁死”的黑旗为标志。

共产党游击队和切特尼克的领导人在背景、性格和政治观点方面都有深刻的分歧。米哈伊洛维奇个人虽然勇敢，却陷入了一种致命的自相矛盾中，从而削弱了他对南斯拉夫抵抗运动的领导能力。米哈伊洛维奇认为，在轴心国的实力削弱之前就公开反对它们是愚蠢的，因为这样做在军事上不可能取得什么成就，只会使苦难深重的平民遭到残酷的报复。因此正确的策略是潜伏下来，积蓄力量，建立一支兵力，以待有利时机到来（比如盟军登陆）再来打击敌人。这样就可以防止占领军垮台后出现混乱的局面，使王室能顺利地恢复其正统权力。这个观点不无说服力，然而它却忽略了一个重要因素：人民要求立即采取行动。事实上，一个游击队的指挥官不可能凭借无限期的“积蓄力量”而变得实力更雄厚。他的队伍如果不能在袭扰敌人中壮大自己，就会逐渐瓦解。一个抵抗运动的领袖如果不积极从事抵抗，就不能保持其领袖的地位。

另一方面，铁托和共产党人则具备两个优越条件：一是他们在长期的地下活动中建立起了有效的秘密工作机构；二是他们有符合群众情绪的明确行动纲领。莫斯科要求南斯拉夫为“我们亲爱的社会主义祖国——苏联”做出无限度的牺牲，而塞尔维亚人民也渴望做出这种牺牲。老百姓将因敌人的报复而付出重大代价，但他们认为这无足轻重。由于德国人的压迫而遭受苦难，倒不如进行武装抵抗，争取一条活路的机会反而更大。

虽然铁托和米哈伊洛维奇存在着基本分歧，但出于上面提到的理由，铁托仍然真诚希望双方至少能暂时联合起来。至于米哈伊洛维奇，虽然他根本不赞成公开起义，但有两个情况迫使他必须采取行动：一是切特尼克分子有一种自发的决心，不让自己表现得比游击队更差；二是他手下的指挥官们已开始表现出主动精神，其中有的已经下决心投到游击队方面去了。

1941年9月下旬，铁托和米哈伊洛维奇在腊夫纳-戈拉山麓举行谈判。与此同时，铁托的部队进入腊夫纳-戈拉附近的小城乌日策，在那里接管了一个小型兵工厂，同时向游击队和切特尼克供应武器，还出版了报纸，并建立了各级“人民解放委员会”。

事实证明，铁托的全面行动主张和米哈伊洛维奇的小心谨慎根本无法调和，游击队

铁托和他的儿子扎尔科，1944年，维斯岛。

和切特尼克部队的摩擦有增无减。每当游击队占领一个小镇或者乡村，即使为时再短，也要建立起一个往往为当地居民所尊重的委员会。它颁布的命令往往很公正，并往往是以这样一种思想为基础的：地方的管理当局主要应当为那些贫苦居民谋利益，而不是为那些善于剥削人的人服务。游击队提出的农村自治组织在塞尔维亚农民看来也不是什么新鲜事物。

由于游击队的战略极富灵活性，在袭击敌人的交通线时临时控制一个村子，当敌人反击时又把部队分散，这样一来，这个村子的居民除非也参加游击队，否则就毫无防御能力了。事实上，游击队的可怕之处在于他们那种“一旦发现敌人就立即袭击”的毫不调和的政策，这往往导致德国人进行骇人听闻的报复。死了一个德国兵，就枪毙数以百计的老百姓，甚至烧光村子。当年10月19日，为了报复游击队的袭击，德军对工业城市克拉古耶瓦茨的居民进行了大逮捕，抓走了10000多人，全城的中学生都从课堂里被直接抓走。从第二天傍晚开始，德军开始按照每400人一组的顺序处决平民，一直杀到第二天，枪毙了5000多人，其余的人则作为人质被关押起来。不计其数的类似暴行使得人们产生了绝望与恐怖情绪，也使得米哈伊洛维奇加深了对游击队的嫌恶。他认为，正是游击队意义不大的短暂胜利，才给人民招致了这样的苦难。

1941年11月，德国军队在塞尔维亚西部集结，准备对游击队控制区发动决定性的进攻（这类“决定性的进攻”一共有7次，这一次后来被称为“第一次攻势”）。此时米哈伊洛维奇把他的一批部队从预定要向克腊累伏的德军发动进攻的联合爱国部队中抽了出去，并打算从游击队手中夺取乌日策，从而使得游击队和切特尼克之间爆发了一场大规模冲突。切特尼克的队伍中包括一些痛恨共产主义的白俄流亡者，在战斗中，他们表现最顽强，尽管胡子一大把，腿脚也不灵便，但他们仍然端着枪，一边一拐一拐地往前冲，一边不断地向游击队射击，直到打光最后一颗子弹为止。

在切特尼克的攻打以及德国人猛烈的空袭和坦克进攻下，游击队在这场可怕的冬季攻势中损失惨重，塞尔维亚西部的游击队被打散。铁托的司令部匆匆撤离乌日策，转移到多山的新帕扎尔州地区，还有一部分游击队进入了波斯尼亚和黑塞哥维那。德军则在新近占领的游击队地区施行报复，屠杀居民，不分男女老幼。

至于切特尼克分子，他们大多留在了塞尔维亚西部，在军事上毫无作为的同时，由于一味担心德国人报复老百姓，于是就谋求政治"和解"了。他们最后同奈迪奇的伪政权达成了这样的默契：奈迪奇的部队继续驻防城镇，而切特尼克部队控制塞尔维亚农村。从此以后，他们很少攻击德军，而是追捕残存的游击队员，米哈伊洛维奇本人也得以继续安然居住在腊夫纳-戈拉的山上。

在具有反抗侵略的光荣传统的黑山，1941年夏天也爆发了起义，其来势之迅猛，较塞尔维亚的起义更为惊心动魄，而其结局则同样悲惨。

1941年7月12日，黑山的分离主义者（"绿党"）在意大利人的支持下，在采蒂涅召开了一次"国民大会"。其领袖塞库拉·德尔列维奇宣布，"独立的黑山立宪君主国"成立。但是第二天天还没亮，大多数黑山人就起来反对他们了。切特尼克和游击队并肩作战，使得意大利的占领军受到了严重的威胁，几乎把他们赶进大海。意军从阿尔巴尼亚调来增援部队，采取了一次大规模的军事行动，这才多少恢复了对局势的控制。

在军事上，黑山人对游击队运动的贡献是非常宝贵的，从他们当中涌现出许多有卓越才干的指挥官，例如参加过西班牙内战的佩科·达普切维奇，以及后来担任南斯拉夫人民军总参谋长的阿尔索·约瓦诺维奇。可是，在德热拉斯和坚信马克思主义的犹太裔知识分子摩西·皮雅杰两人的影响下，黑山的共产党游击队在政治上采取了一条极端主义路线。许多旧军官被枪毙了，活下来的纷纷逃向切特尼克组织。1942年2月，游击队甚至以黑山人特有的方式宣布，解放了的黑山是苏联的一个组成部分，为此遭到了铁托的指责。

黑山共产党这些做法帮了意大利人的忙，使之得以把民族主义的切特尼克争取过去。意大利军事总督皮齐奥·比罗利与黑山当地的切特尼克头领斯塔尼希奇和久里希奇达成了协议，如果切特尼克不干扰意大利在采蒂涅、波德戈里察和尼科希奇这几个主要城镇的驻军，他就可以把山区让给他们。此时黑山地区的战争已经主要是游击队与切特尼克分子的冲突，而不是黑山人对侵略者的反抗了。1942年春天，在“第三次反游击队攻势”中，意军和切特尼克联合起来，把游击队从黑山赶了出去。铁托本人亲自率领打败了的黑山游击队穿过黑塞哥维那，转移到波斯尼亚西部。直到1943年意大利垮台之前，黑山一直处于意军和切特尼克部队的联合控制之下。

在斯洛文尼亚，抵抗运动从一开始就很广泛，而且组织得更加严密有效。1942年初，当地共产党领导人卡德尔去波斯尼亚访问了铁托，回来之后就组织“解放阵线”进行规模较大的活动。到当年夏天，斯洛文尼亚游击队控制了广大的农村地区，还到处建立了一些为时不长的共产主义小共和国。在南斯拉夫各地的游击队活动中，斯洛文尼亚共产党是组织最严密的。他们的部队后来被改组为“国家保安军”，还建立了一个名为“安全保卫局”的情报机构，它同时也负责破坏活动。

意大利为了加强自己的影响，推动斯洛文尼亚人建立了“斯洛文尼亚同盟”。该联盟拥有一支准军事性质的“白卫军”（后来改为斯洛文尼亚义勇军），负责维持农村秩序，其首领是鲁普尼克将军。而一些逃散到山区的斯洛文尼亚军官则在伦敦流亡政府中几位斯洛文尼亚大臣的命令下，组织了一支“蓝卫军”，其首领是诺瓦克少校。他自认为是代表米哈伊洛维奇行事的，因此这些人无疑是反游击队的，而且意大利人还为他们提供了一些武器。从1942年7月开始，意大利军队动用7个师的兵力发动攻势，斯洛文尼亚游击队虽然损失严重，但那里的地形十分有利于游击战，游击队还是未遭毁灭，后来又逐步重新建立了他们的根据地。

在南方的马其顿地区，传统的老麻烦又以新的形式出现了。南斯拉夫共产党和保加利亚共产党都向马其顿人保证说，它们的目的在于建立一个自由而统一的马其顿，同时

1941年底在“第一次攻势”中被德军俘获的游击队员，照片中的这些人后来都被处决了。

却尽力想实现南斯拉夫或保加利亚对整个马其顿的领土要求——包括南斯拉夫的“瓦达马其顿”和保加利亚的“皮林马其顿”，以及希腊北部以萨洛尼卡为中心、其居民已大多为希腊人、被称为“爱琴马其顿”的那一片地区。事实上，这两个兄弟党就谁应该控制整个马其顿地区的党组织这一问题展开了激烈的竞争。1941年8月，共产国际作出了支持铁托的党的决定。于是，南共派出一个来自瓦达马其顿、名叫科利舍夫斯基的年轻人，让他着手在库马诺沃地区组织游击队。可是不到两个月，他们就在那里被敌人消灭了。不久之后，这个科利舍夫斯基也落到当地保加利亚警察的手中，据说是遭到了保加利亚人的出卖。

从“白色计划”到“跳马”

在1941年底和1942年初，被德意军队和切特尼克赶到波斯尼亚的共产党游击队及其领导人铁托固然处境危急，但居住在波斯尼亚的塞尔维亚人境遇更为险恶。帕韦利奇和他的乌斯塔沙干将们处决了在萨格勒布监狱里的共产党领导人——旧的克罗地亚巴昂辖区德国军队在塞尔维亚西部搜索游击队员。

把这些共产党囚犯拱手交给乌斯塔沙分子，囚犯们试图组织越狱，结果失败了——从而使当地的共产党机构失去了战斗力后，就开始着手解决“塞尔维亚人问题”。

残忍的暴行令人发指。甚至连他们的轴心国同盟者也感到不安。居住在波斯尼亚和黑塞哥维那（也包括克罗地亚本土）的塞尔维亚人，既包括住在村庄中的农民和教士，也包括居住在城镇里的官员、商人、医生、实业家、军官、教授和作家，以及工人和各种各样的手艺匠。有些塞尔维亚富人最初试图讨好乌斯塔沙政权，可是这个政权采取强硬态度，不寻求任何一部分塞尔维亚资产阶级的支持，不管在这些阶层中谁有可能成为他们的合作伙伴。因此，不愿意消极等待被屠杀的塞尔维亚富人和穷人一道，拼死逃往波斯尼亚和达尔马提亚的森林。在那里，他们分别被吸收进切特尼克部队和共产党游击队这两个阵营。前者由于渴望复仇，便以暴易暴，及至后来，这些切特尼克分子不仅与德军和意军并肩作战，而且也与乌斯塔沙分子并肩作战，共同来对付游击队员。游击队则坚决遵循铁托制定的路线，坚决主张应当消除分歧，协力对付占领军及其同盟者，无论是乌斯塔沙还是切特尼克。

①

在1942年的头几个月里，克罗地亚人普遍知道有几支游击队在波斯尼亚的森林里活动，虽说他们大多是在抵抗乌斯塔沙的自卫运动中崛起的塞尔维亚人，却受一个姓奥雷什科维奇的克罗地亚人的领导。到了当年夏天，由于从更南边黑山和塞尔维亚一带的战斗中逃来许多人，那些游击队的人数激增了，以至帕韦利奇认为必须建立一系列集中营，来拘禁那些“破坏公共治安和秩序的个人或武装匪帮成员的家属”。

对于象征着大塞尔维亚沙文主义的米哈伊洛维奇，以及代表从前迫害他们的贝尔格莱德当局的切特尼克分子，克罗地亚人是毫无同情心的。事实上，当切特尼克在黑山和达尔马提亚与意大利人勾结在一起的消息传来时，他们的反塞尔维亚和反意大利的情绪就更坚定了。后来，到1942年6月，当帕韦利奇政府与切特尼克公然达成协议时，克罗地亚人反对帕韦利奇的情绪也更加高涨了。与此同时，消息传来，说另外还有一些对抗切特尼克的游击队，关于他们领导人的身份曾经有许多神秘的猜测，只知道他的化名是一位古罗马皇帝的名字，叫“铁托”，后来人们逐渐了解到他也是克罗地亚人。

1. 1942年春天在东波斯尼亚地区被游击队炸毁的一辆克罗地亚军队“奥佩尔”卡车。

2. 1941年10月，德军在斯洛文尼亚的采列将抓获的游击队员游街示众，随后当众处决。

3. 被示众的游击队员，胸前挂着“匪徒”的牌子。

对于乌斯塔沙宣传人员提到他们是哥特人后裔这一点，普通的克罗地亚人完全无动于衷；倒是苏联的抗德斗争使他们想到了他们应忠于泛斯拉夫主义的传统。有一个克罗地亚国民军分遣队曾被派到东线去，结果集体开了小差。一些克罗地亚农民和比较年轻的农民党干部开始潜入森林，成了“绿林新干部”。他们对铁托游击队的态度是友好的，甚至是合作的。

1942年夏收时的强制征粮激怒了大多数克罗地亚农民，甚至还动摇了克罗地亚国民军的忠诚。在这支军队中，除了担任骨干的少数乌斯塔沙军官外，其他人从一开始就毫无热情，决不能靠他们去同游击队作战。在克罗地亚境内对付游击队的战争都由德国人负责，他们当中有来自别处的，也有就地应征加入党卫军“欧根亲王”师的当地日耳曼人。事实上在1942年秋天，有一部分日耳曼少数民族已经从波斯尼亚和克罗地亚西南部疏散到德国本土去了，这肯定是为了使他们不致受到游击队的攻击。

“副统领”克瓦特尼克有一个儿子叫欧根，绰号“迪多”，他是乌斯塔沙秘密警察即将被处决的一批游击队员，以及他们战友的遗体。

的头子，和萨格勒布的盖世太保密切合作。“迪多”这时坚决主张采取极权主义的严酷做法。同时，那个一直依靠德国人而不是意大利人的老克瓦特尼克（现在已经是“元帅”了）在1942年10月向希特勒告了一状，斥责帕韦利奇没有能力控制克罗地亚的局势，试图将其撵下台，由自己取而代之。希特勒显然是通知了墨索里尼，后者对德国人施加的压力感到愤慨，因为这公然违反了德国人原来提出的意大利可以在克罗地亚自由行事的诺言。于是意大利驻克罗地亚公使在10月30日急忙去见帕韦利奇，他们决定应该采取行动。当天晚上，克瓦特尼克被勒令“病退”，乘飞机飞到了斯洛伐克，帕韦利奇接管了国防部。德国人听任事态的发展，但同时悄悄加强了在克罗地亚的兵力。

1942年春季，铁托和他的游击队在德军所谓的“第三次攻势”中被赶出了黑山、波斯尼亚东部、黑塞哥维那地区，德国人把这次反游击队战斗称作“三重唱行动”——也许是因为参加作战的还有意大利人和切特尼克分子。此后，铁托在波斯尼亚山区辗转作战。6月底，他决定向西边远征，深入帕韦利奇的“克罗地亚国”的心脏地带。到8月底，波斯尼亚西部和中部的绝大部分地区已经被他占领。9月25日铁托攻下亚伊采，11月

1. 乌斯塔沙分子在萨格勒布举行阅兵仪式，1942年秋。

2. “乌斯塔沙女青年”运动的成员。

3. 乌斯塔沙分子在处决塞尔维亚平民之前，让他们为自己挖掘坟墓。

5日又攻下比哈奇。这是一个位置合适的作战中心，位于波斯尼亚中部。在这里，铁托利用战斗间隙把他自己直接指挥的和国内其他地方的部队编为8个“师”，每个师有3000到4000人，同时对人数较少的游击队也进行了改编。整个游击队的名称被定为“南斯拉夫人民解放军与游击部队”。铁托还认为，为他的运动制订一个正式的政治与行政体制的时刻已经到来，于是决定在比哈奇召开一次南斯拉夫各族人民代表大会，大多数代表是来自各个解放区的共产党人，不过也有其他地区的代表，以及代表其他几种政治立场的人士，比如克罗地亚最著名的老诗人弗拉基米尔·纳佐尔（他后来就留在比哈奇，参加了游击队）。事实上，这次大会是由一个年长的克罗地亚民族主义者伊万·里巴尔博士主持的，早在1921年南斯拉夫国会取缔共产党合法地位时，他就曾主持了该会议。

“南斯拉夫人民解放反法西斯会议”于1942年11月26日在比哈奇召开。它公布了六点纲领，其第二条保证私有财产不受侵犯；第三条保证在举行民主选举前不作激烈的变

1942年9月22日，帕韦利奇在贝希特斯加登拜见希特勒。

革。第六点最重要，它保证承认塞尔维亚、克罗地亚、斯洛文尼亚和马其顿人的权利。在伦敦的英国广播公司继续歌颂米哈伊洛维奇的时候，莫斯科的“自由南斯拉夫电台”向全世界广播了比哈奇纲领的内容。铁托提出的成立真正的南斯拉夫联邦的这种希望，越来越吸引观点极不相同的男女投身到他的运动中来。

比哈奇会议的另外一个重大意义是，它成功地把盟国的注意力吸引到这样一个运动上，它已经强大到能够在希特勒的“欧洲堡垒”的心脏地区建立起自己的行政机构，并发表挑战性的宣言，这就迫使同盟国不得不重新考虑自己的态度。自从南斯拉夫王国在1941年4月崩溃后，各盟国都与流亡开罗、随后又转移到伦敦的南斯拉夫王国政府（仍由西莫维奇将军担任总理）保持着外交关系。他们认为，这个政府足以代表南斯拉夫所有的主要民族集团和政治党派。可是，这个流亡政府有严重的缺点。有一个政党在这个政府里没有代表，而它在南斯拉夫国内的影响正在令人瞩目地日益扩大，这个政党就是共产党。

安特·帕韦利奇在斯大林格勒前线慰问克罗地亚志愿部队时会见德国第6集团军司令保卢斯大将，1942年9月24日。

英国人在1941年10月就给米哈伊洛维奇派去了联络官，虽然在给养方面不能提供什么帮助，但盟国在次年还是扩大了驻切特尼克总部的军事代表团阵容。这些盟国联络官只是到后来才逐渐发现了这个可悲的事实：米哈伊洛维奇根本没有或者极少与德军作战；相反，他正在竭力袭击游击队。关于游击队的情况，西方盟国到1942年初仍很少了解，虽然英国联络官赫德逊上尉同他们也有过一些接触。

苏联对于南斯拉夫的态度暧昧不明，同时对南斯拉夫的事态发展也流露出同样的困惑。虽然莫斯科一开始就同南斯拉夫共产党保持着秘密的无线电联络，但苏联并不打算对其提供任何军事援助或补给，尽管铁托一再提出请求。苏联人的慷慨只是表现在一个自称“自由南斯拉夫电台”（设在第比利斯城近郊）的广播中。与此同时，莫斯科认为，米哈伊洛维奇将成为南斯拉夫民族抵抗运动的领袖，而铁托的部下可能在军事上被消灭，或者由于过早地鼓吹共产主义革命而在南斯拉夫国内和各盟国之间引起不和，从而成为一种政治上的负担。从1941年6月德国入侵后，苏联已经恢复了同南斯拉夫王国的外交关系；1942年春季，流亡政府对莫斯科提出强烈抗议，反对“国际匪徒”和“托洛茨基分子”在南斯拉夫境内活动，要求共产国际对其加以约束。共产国际向铁托建议，革命目标应当服从于全面反对轴心国的需要，应让所有爱国者都能参加。这一意见与铁托自己的信念相符合，因此他极愿意接受。然而，铁托对苏联未能向他那处境艰苦的部队提供哪怕是象征性的援助一直心存怨恨，而对莫斯科把南斯拉夫王国的公使馆升格为大使馆（1942年8月）提出了强烈抗议。不过，虽然苏联人始终与流亡政府保持着适当的关系，并对铁托表现出一种不合时宜的藐视，但是到了1942年年中，他们已经开始谴责切特尼克分子与敌人的合作，表现出了即将给游击队更多支持的迹象。

❶

在希特勒看来，比哈奇会议是不折不扣的大逆不道，而“南斯拉夫人民解放军”的活动——他们已经控制了比瑞士还要大的地区，人数已经发展到15万——日益威胁着德军对贝尔格莱德、阜姆和斯普利特三处的交通联系，必须不惜任何代价予以消灭。1942年12月，凯特尔发布命令，轴心国军事首脑们共同制订了发动一次大规模战役、围歼游击队的计划。德军和帕韦利奇的部队从北方和东北方进攻，意军从西方和南方进攻。这次战役的德国代号为“白色计划”，而南斯拉夫方面后来称之为“敌军第四次攻势”。在这场从1943年1月持续到3月的攻势中，铁托顽强地打回波斯尼亚东部，并向黑山挺进。

黑山的切特尼克部队约有12000人，他们在奈雷特瓦河沿岸建立了坚固的阵地，深信能挡住铁托的去路。米哈伊洛维奇本人也从塞尔维亚赶来，亲自指挥这一地区的战斗。尽管铁托既没有飞机也没有可以用来对付德国空军的高射炮，而且还受到3000多名伤病

1. 铁托（右）与伊沃·里巴尔。里巴尔（1881~1968）在1920~1922年任南斯拉夫国会议长，战后成为南斯拉夫第一任总统。他的妻子和两个儿子都在战争中死去。

2. 1942年，一名德国军官在贝尔格莱德检视新招募的白俄骑兵志愿军。

3. 斯拉夫科·克瓦特尼克（1878~1947）（中立者），“乌斯塔沙”运动创始人之一，克罗地亚独立国元帅。他是19世纪克罗地亚民族主义者约瑟普·弗兰克博士的女婿，持有强烈的民族主义观点。“一战”期间在奥匈陆军元帅博罗科维奇麾下服役，获得一级铁十字勋章。1919年参加“南斯拉夫委员会”的组建工作，成为南斯拉夫军队参谋长。1941年德国入侵后宣布克罗地亚独立，并任军队总司令，1943年因反帕韦利奇阴谋败露而被流放，战后被盟国引渡给南斯拉夫，1947年被处决。

员的拖累，但仍与切特尼克部队在科尼奇展开了一场长时间的殊死战斗。游击队遭到了惨重的损失，但切特尼克分子被打垮了，奈雷特瓦防线已彻底粉碎。游击队员一有可能就把胡子刮得干干净净，而切特尼克总是留着一把大胡子，以象征自己的勇武。在科尼奇战役中溃败的那些切特尼克士兵一遇到村民，就向他们要剃刀，如果他们能及时把胡子刮干净，他们就往往开小差逃到游击队那边去。

到1943年4月底，“第四次攻势”的攻势已经缓和下来了，游击队幸免于难，切特尼克则名声扫地。此时落入游击队手中的解放区有增无减，到最后，帕韦利奇能控制的地区不比萨格勒布市区大多少。这个月的月底，希特勒在萨尔茨堡的克莱斯海姆宫怒气冲冲地召见了保加利亚的鲍里斯国王、罗马尼亚的安东尼斯库元帅、匈牙利的霍尔蒂海军上将、斯洛伐克的提索神父以及帕韦利奇，和他们举行了一系列会谈，试图警告他们，除非德国获得全胜，否则他们的国家就毫无前途可言。当希特勒接见克罗地亚的那位“波格拉符尼克”时，元首的随从们挖苦说，从来没有一个市长能受到一个国家元首如此隆重的接待。

南斯拉夫流亡政府仍指望，英国广播公司播放同英国的盟友苏联所播出的新闻直接抵触的消息，这已经够使英国人尴尬的了。而米哈伊洛维奇在“白色行动”期间转移了自己的总部，却不允许从1941年起就派驻在他那里的英国代表团跟着一起转移。这时情况已经很清楚：俄国人所说的米哈伊洛维奇正在和敌人勾结的消息是完全正确的，他从英国人那里得到的援助物资不是被囤积起来，就是被用来为轴心国作战。与此同时，比哈奇纲领却同英国公开宣布的作战目标完全一致，因此英国决定向铁托的司令部派去联络员。1943年5月28日，英国情报军官斯图尔特上尉和迪金上尉被空投到黑山，同铁托的总部建立了联系。

大约从这时起，盟国就不再向米哈伊洛维奇提供援助物资了。这个倒霉的切特尼克领导人受到了同盟国和轴心国两方面的谴责。虽然意大利占领军司令觉得有所便利，但希特勒始终不赞成同切特尼克的头领合作。从1942年11月起，他就想着盟军可能要进攻欧洲，登陆地点大约在巴尔干半岛。1942年2月，他写了一封长信给墨索里尼，警告他要当心米哈伊洛维奇，因为他得到情报，切特尼克要使在黑塞哥维那和黑山的意军解除武装。墨索里尼一面勉强接受了元首的命令，一面在回信中话中带刺地指出，德国人自己也曾利用过切特尼克，而且德国武装部队还在继续武装他们。

在“第四次攻势”失败后，希特勒比过去更为坚决了。他于5月19日写信给墨索里尼，愤怒地攻击黑山总督皮齐奥·比罗利的亲切特尼克政策，并坚决主张必须把切特尼克部队的武装解除。他还力主在多山的黑山地区对铁托再发动一次攻击。

“敌军的第五次攻势”从1943年5月持续到6月，这是游击队在军事上受到的最严酷的考验。德国人动用了大批的轰炸机、俯冲轰炸机、远程重炮以及山地部队，而且德军现在把游击队的一些手段——特别是机动性和奇袭——用来对付游击队本身。德军不再仅仅沿着交通干线推进，而是派遣受过特殊训练的机动突击部队带头，他们也能比以前更迅速地夺取任何有利地形、掘壕据守。最后，由于了解到游击队对老百姓的依赖，德军在整个地区将所抓到的老百姓都强制动员。他们的训令是十分明确的：“抓到的每一个游击队员都要枪毙。当地居民如果对德军怀有敌意，就用最残酷、最严厉的手段对付他们。如果他们态度友好，就强迫他们参加对游击队的斗争。”

1. 1943年“第四次攻势”中，一名游击队员正在查看被游击队击毁的一辆法制索玛-35型坦克。

2. 1943年“第四次攻势”期间，游击队第4黑山旅在山林中艰难跋涉。一名疲惫至极的游击队员正蜷缩在路边睡觉。

游击队在“敌军的第五次攻势”中经历了难以想象的艰难困苦和严重伤亡。铁托本人和迪金上尉在6月9日被德国俯冲轰炸机丢下的同一颗炸弹炸伤；许多掉队的伤员被德国人和切特尼克分子处决了。之后他们才得以跨越苏捷斯卡山谷，逃到一个出人意料的方向，即波斯尼亚的东北部，突破了敌军的包围圈。德国人终于在7月放弃了这次企图。到了这时，由于听到盟军在西西里岛登陆的消息，意大利军队的士气更为低落，德国人则面临着俄国人在东线的一次重大反击。

1943年9月，英国国会议员、情报军官菲茨罗伊·麦克莱恩准将带着一个阵容庞大的军事评估团前往南斯拉夫。他的任务很简单：评价切特尼克与“南斯拉夫人民解放军”的抗敌成果，然后决定英国是否完全与切特尼克断绝关系，转而支持杀德国鬼子最多的共产党游击队。

事实上，英国军事代表团的抵达，丝毫没有使南斯拉夫的局势简化为“切特尼克通敌，游击队是朋友”这样简单的形式。如果此时盟军在巴尔干半岛登陆的话，切特尼克部队完全会像希特勒预料的那样反戈一击，掉过头来攻打支持他们的轴心国；而铁托的游击队为了抵抗“英美帝国主义者”，便会执行相反的政策。正如麦克莱恩准将后来品味出的那样，对所有的机会都做出反应，而又不忽视最终的目标，这本是巴尔干的传统。

1943年9月的第一个星期，意大利投降了。这就像是竞赛中的起跑信号，德军和游击队立即抢着接受意军投降，接收他们在达尔马提亚、斯洛文尼亚和黑山的阵地与军事装备。铁托对英国未能把这种重要的事态发展事先通知他感到愤慨，但尽管这样，他的部队还是抢到最大的一份战利品。铁托的部队接收的地区包括达尔马提亚沿海和大部分岛屿，意大利占领的那部分斯洛文尼亚的绝大部分（卢布尔雅那除外），伊斯特里亚半岛的大部分，以及黑山的绝大部分。但是游击队要保住这些战果，其力量还嫌太弱：斯普利特城据守了3个星期，只来得及在德军到达之前把那里的所有武器搬走；的里雅斯特城和伊斯特里亚半岛的游击队不久后也被德国人赶到山里去了。这片地区被改名为“库斯滕兰”（意为“滨海地区”），并入了德国本土。

比土地更重要的是，游击队还获得了足够武装10个正规师的意大利装备，另外有许多开小差的意大利士兵投奔游击队，他们被编为“加里波第营”、“马泰奥蒂营”和“马梅利营”。意大利的投降还导致许多曾经依附于意军的南斯拉夫辅助部队的瓦解。在斯洛文尼亚，游击队把“蓝卫军”和“白卫军”都包围起来，缴了他们的械；在达尔马提亚的一些切特尼克部队，以及黑山地区规模更大的部队，也遭到了同样的下场。黑山的一支切特尼克部队在久卡诺维奇将军的指挥下，据守在一座中世纪修道院中，顽抗了一个多月才投降。

在意大利投降的这个月里，随着麦克莱恩代表团的工作，铁托得到了英国更加正式的承认。麦克莱恩不久就同意了迪金和其他一些人的看法，认为游击队值得认真援助，因为游击队起码牵制了20个以上的德国师。

1943年10月下旬，德国人又来进攻游击队了，这回还得到保加利亚人、奈迪奇部队与乌斯塔沙的增援。这次攻势也像之前的五次那样鲜克有终，不久就逐步停顿下来。意大利的投降和“第六次攻势”的失败，使得铁托力量增强、威望提高。他也因此信心倍增，断定采取一次重要的政治攻势的时机已经成熟。当年11月29日，他在波斯尼亚的山城亚伊采召开了“反法西斯会议”的第二届会议——这一天后来被定为新南斯拉夫的国庆日。这次大会授予铁托元帅军衔，并选出了一个临时政府，由铁托担任总理。在向与会委员的讲话中，铁托公布了自己的真名——约瑟普·布罗兹。亚伊采会议上通过决议，把流亡政府的权力转给了它自己这个“南斯拉夫国家的最高行政和立法机构”，同时禁止国王返回南斯拉夫，“国王和君主制的问题将在这个国家获得解放后由人民按照

1943年意大利投降后，游击队曾短期收复杜布罗夫尼克，但不久即被德军逐出。图中一名开入杜布罗夫尼克的德国士兵正对着墙上的游击队标语大笑。

他们自己的意志来解决”。最后，亚伊采会议还宣布，将来在南斯拉夫采取联邦制，“塞尔维亚、克罗地亚、斯洛文尼亚、马其顿、黑山、波斯尼亚、黑塞哥维那一律平等”——后三个地区是在比哈奇会议后新加上去的。

到1943年底，南斯拉夫的游击队人数已经超过30万，编为9个军、27个师、93个旅和108个游击支队，其控制区的面积超过16万平方公里，几占南斯拉夫面积的2/3。其成员除了克罗地亚、斯洛文尼亚、塞尔维亚和黑山的南斯拉夫人之外，还包括意大利人、法国人（被解放了的法国战俘）、捷克人、匈牙利人（组成“裴多菲 · 山多尔营”）以及因党卫军的围剿而从提罗尔地区撤来的一支奥地利游击队（大多是奥地利共产党和社会民主党成员，被编为“恩斯特 · 台尔曼营”；除了这支游击队外，在奥地利境内靠近瑞士的福拉尔贝格地区还有另外几支反德游击队在活动）。

由于意大利投降，在南斯拉夫的占领军规模已经有所减少，加上克罗地亚部队和塞

1. 在斯科普里被德军解除武装的意大利士兵。他们当中一些人后来逃脱，参加了游击队。

2. 1943年参加德军的斯洛文尼亚人。他们头上的数字是在战后被南斯拉夫安全部门标上的，用来追查通敌分子。

3. 1943年冬天部署在亚伊采的游击队高射机枪。他们正在保卫在该地召开的反法西斯第二次会议。

尔维亚的30万傀儡部队在内，一共有63万人，包括国防军、武装党卫军、山地师、装甲师、勃兰登堡团（特种分队）、冲锋队、伞兵营、哥萨克骑兵队、警察部队、奈迪奇部队、廖蒂奇部队、切特尼克分子、乌斯塔沙分子、保加利亚占领军和匈牙利占领军，等等。冯·魏克斯元帅在雅典他那武装部队东南欧总司令部里坐镇指挥，把他的主要部队全都分布在南斯拉夫这块像火山一样的土地上，只有亚历山大·勒尔空军上将指挥的E集团军群的1/3部署在希腊的海岸和岛屿。

虽然麦克莱恩证实了游击队在同德国人打仗而切特尼克却在同德国人合作，但英国人仍然犹豫不决：在塞尔维亚本土，游击队仍然未能恢复早先的影响，而米哈伊洛维奇在那里是一支不容忽视的力量；他的切特尼克部队也确实帮助过被击落后设法到达其控制区的盟国空军人员。但切特尼克真是一支可以用来与德国作战的力量吗？盟国指挥官决定对他们进行最后一次考验。当时德国人为了避免被红军的推进切断退路，正在从巴尔干半岛撤回其部队。于是盟国邀请米哈伊洛维奇炸毁德军撤退路上一些重要的桥梁，以作为考验。虽然切特尼克在1943年10月确实炸毁了维谢格腊特附近利姆河上的一座桥梁，但是他们却回避或拒绝破坏一些穿过塞尔维亚的更重要的铁路。同时，切特尼克的背叛活动日益增多，不仅是投向游击队方面，而且还投向德国人或廖蒂奇方面。

1944年1月，丘吉尔宣布，同盟国的物资今后只运给铁托。到5月，派往米哈伊洛维奇那里的英国联络官也被召回。丘吉尔在下议院解释这种政策变更时说："我们之所以停止向米哈伊洛维奇供应军火，不再支持他，理由很简单：他一直没有与敌人作战。而且他的有些部下还与敌人勾结，从而导致与铁托元帅的部队发生武装冲突……我们宣布坚决支持铁托元帅，因为他同德军展开了英勇而坚定的斗争。"

在此期间，德军计划给游击队一个新的打击，目的是绑架铁托及其主要战友，使游击队陷入瘫痪。1944年5月24日深夜，德军空降部队对设在波斯尼亚西部德瓦尔的铁托总部发动突然袭击，这次行动的代号是"跳马"。传奇的党卫队冒险人物奥托·斯科尔兹内策划了这次行动，本来他想亲自担任指挥，但是在萨格勒布，他改变了主意，因为他意识到这次行动的保密很成问题。英国情报机构当时已经获悉，德国人要在铁托的生日前后搞一次突袭行动（但还不知道是空降突袭）。在德国人发动袭击前48小时，游击队就破坏了通往德瓦尔的桥梁和隧道，达尔马提亚北部克拉伊纳地区的游击队也向德瓦尔地区急行军，准备赶去增援。实行动员的游击队有好几个师，但是在德瓦尔，在铁托用英国特别行动执行局的情报军官正在向游击队员教授战术。

作司令部的那个山洞周围，只有一个连的警卫力量。

5月24日凌晨5点，德国武装党卫军和伞兵部队乘坐滑翔机或跳伞降落在铁托的山洞周围，以猛烈火力发动了突袭，同时切特尼克部队也对德瓦尔外围的游击队发起了进攻。丘吉尔的儿子伦道夫和著名小说作家伊夫林·沃当时作为英国军事使团的成员（两人是跳伞降落到南斯拉夫的）正在铁托的总部里。他们和铁托一道沿着山路急行军，来到山下的一段铁路旁，那里停着一列逃难专用火车。他们乘火车来到小城亚伊采，当地游击队指挥学校的60名学员和追踪而来的德军伞兵部队发生激战。亚伊采附近的小型机场上停有16架盟国飞机，铁托和他的英国客人登上了其中仅有的一架苏联飞机，飞到了意大利。

在这次“跳马”战役中，德国人只得到了铁托扔在山洞里的一套元帅军服。根据德方承认的数字，有213名德军被打死，881人受伤，51人失踪，6000多名“匪徒”被打死；但游击队公布的己方伤亡数字是500多人阵亡、1000多人受伤，其中大多数是在德国空军的轰炸中负伤的，另有2000多名平民被杀死。无论如何，德军的阵亡数字应当比213

南共中央委员会成员，左起依次为巴卡里奇、米卢廷诺维奇、卡德尔、铁托、兰科维奇、武克曼诺维奇-坦波和德热拉斯。

人高得多，因为武装党卫军第500伞兵营的800人几乎被全部消灭，只有十多人藏在德瓦尔的公墓中，得以幸存。

倒戈之潮

“跳马”战役又被称为“敌军的第七次攻势”，这也是德军对南斯拉夫游击队发动的最后一次大规模进攻。铁托在当年6月从意大利回到南斯拉夫，在达尔马提亚的维斯岛建立起新的司令部，由游击队和英军共同警卫，英国海军的舰艇在海面上担任保卫和运输补给的工作。

维斯岛上没有足够的淡水，平时人们只能依靠葡萄酒来解渴。英国人向这个岛屿运来了大量物资，苏联人也终于派来了一个军事代表团，但并没有送来多少物质援助。事实上，在英国人停止资助米哈伊洛维奇之后，苏联人却开始考虑是否向切特尼克总部派出代表团的问题。莫斯科的动机可能是因为他们相信，切特尼克能在德军撤离塞尔维亚后接管当地政权。此外，铁托已经开始表现出主张民族独立的迹象。如果他的这种态度

将来成为苏联的一个严重麻烦，那么莫斯科让另外一个领袖人物去与他竞争也好。

此时苏军正在以排山倒海之势向巴尔干半岛推进，在1944年3月初抵达比萨拉比亚，3月的最后一天抵达喀尔巴阡山麓。英国人开始对俄国人可能深入东南欧的程度颇感震惊。丘吉尔那富于想象力的头脑中出现了在希腊或者达尔马提亚沿海登陆的方案。可是，他的三军参谋长和美国人都不喜欢这类牵制性袭击。虽然早先的德黑兰会议已经否定了他所提出的巴尔干作战计划，但丘吉尔认为，今后的事态发展必将证明这一战略是正确的，因此从未打算将其放弃。1944年春天，他力主朝东北方向扩展意大利战役，赶在苏联红军越过喀尔巴阡山之前把多瑙河中游置于英美控制之下。他提议在亚得里亚海顶端的伊斯特里亚半岛登陆，与铁托的部队会师，然后通过卢布尔雅那隘口穿过阿尔卑斯山，长驱直入奥地利，经由格拉茨抵达维也纳。这一计划未能使罗斯福产生兴趣，却一直盘旋在丘吉尔的脑海中。

当年8月初，铁托元帅应邀前往意大利卡塞塔的英军总司令部，去访问地中海盟军最高统帅梅特兰·威尔逊将军，并讨论如何协调在意大利和南斯拉夫的军事行动。不久之后，丘吉尔也到了意大利，邀请铁托于8月12日到那不勒斯郊外威尔逊将军的别墅会晤。丘吉尔最先关心的事情之一就是铁托的游击队能提供多大程度的合作，从而为英军打开经由卢布尔雅那和马里博尔通往格拉茨的道路。丘吉尔还清楚地向铁托说明，只有在“人民解放委员会”同国王达成某种协议后，英国才能正视它。他还希望铁托以后将不会把共产主义引进南斯拉夫。铁托否认他有这样的意图。

英国的政策是使铁托与王国政府之间达成某种妥协。伦敦流亡政府中的大塞尔维亚主义者被解职，曾经担任克罗地亚巴昂的舒巴希奇博士在1944年5月成为流亡政府总理。他是一个公认的老好人，决心尽全力同铁托的“反法西斯会议”合作，最后同它合并；彼得国王也同意遵照“反法西斯会议”的要求，在举行公民投票之前不回到南斯拉夫，并在广播中呼吁南斯拉夫人民团结在铁托的“人民解放军”周围。8月26日，彼得二世颁

1. 德军在1944年从游击队手中夺取的波斯尼亚北部城镇图兹拉。

2. 一架英国运输机正在为黑山的游击队运送物资。

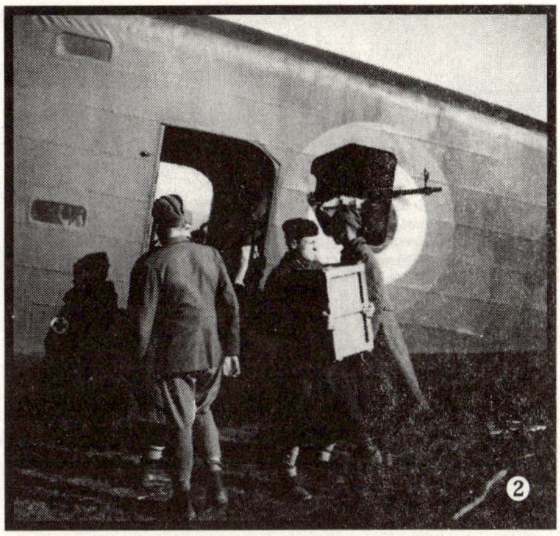

布诏书，取消了以米哈伊洛维奇为首的南斯拉夫王国最高统帅部，承认铁托元帅为南斯拉夫抵抗部队的唯一军事领袖。当年8月，舒巴希奇在英国驻南斯拉夫大使史蒂文森的陪同下，和铁托一同来到了维斯岛，伦道夫·丘吉尔以及盟国远征军最高统帅艾森豪威尔将军的政治顾问罗伯特·墨菲也都来到了岛上。麦克莱恩准将在那里和铁托一起待到8月中旬。

1944年8月23日，罗马尼亚人迅速地掉转了枪口。年轻的迈克尔国王把安东尼斯库元帅骗入王宫，关到他父亲为了收藏王室集邮品而修建的有特殊通风装置的保险库内，接着组织了一个临时政府，宣布与苏联停战，并于次日对德国宣战。紧接着就出现了德军从巴尔干半岛撤退的第一批迹象。接着，9月5日，在苏联对保加利亚宣战的同一天，保加利亚也做了180度大转变，在当天就宣布同苏联停战，紧接着又在几小时内宣布保加利亚已经对德国宣战。9月8日，穿过罗马尼亚领土的苏军进入保加利亚领土，途中没有遇到任何抵抗。

保加利亚的快速倒戈使得其驻扎在马其顿以及塞尔维亚南部的军队转向铁托这一边。铁托最干练的指挥官科查·波波维奇早在1944年春天就潜入游击活动低落的塞尔维亚地区，在那里扩大游击队的力量，准备对德军发动攻势。同时，米哈伊洛维奇在塞尔维亚中部和东南部的指挥官久里奇少校掉转枪口，投靠了游击队，加速了这些地区切特尼克部队的瓦解进程。几个月后，佩科·达普切维奇率领的强大部队开始从波斯尼亚东部和黑山打回塞尔维亚境内。到9月底，德军已经开始从巴尔干全面撤退，游击队距离贝尔格莱德已经不到30公里。

9月12日，彼得国王在伦敦发表广播，呼吁各界人士在铁托的领导下团结一致。这个

呼吁终于使得许多效忠王室的塞尔维亚农民心甘情愿去支持游击队。不过，英国和铁托的关系还不是很好，因为这位元帅在9月19日突然从维斯岛上失踪了，这使得他最要好的那些英国朋友大为恼火。后来才知道，原来铁托是到莫斯科去同斯大林举行首次会晤了。铁托邀请红军部队开进南斯拉夫，与他自己的部队联合作战，但是规定——这是一个影响深远的规定——解放了的土地应置于“反法西斯会议”的管理之下，一旦当地的对德军事行动结束，红军即应立刻撤走。

在1944年9月和10月，巴尔干半岛的德军从希腊和马其顿边打边退，南斯拉夫、保加利亚和希腊的游击队一起出动骚扰，沿各主要交通线的战斗异常激烈，尤其在瓦达河-莫拉瓦河谷一线。德军的撤退井然有序，但十分缓慢，许多部队发现他们已经被大举向西迅速推进的苏联军队切断退路。在德军的背后则开来了英军，他们在10月的第一个星期在希腊本土登陆。

进驻罗马尼亚和保加利亚的苏军主力部队仅仅稍事停留，就在9月的第3个星期向

1. 德国士兵攻占一座游击队村庄后，正在查看盟军空投给游击队的物资桶（里面是空的）。

2. 塔拉河上的久尔杰维察桥。南斯拉夫故事片《桥》就是以炸毁这座桥的故事为蓝本拍摄的。

西南方向挺进。10月初，他们穿过特兰西瓦尼亚阿尔卑斯山，向匈罗边境推进。在更南边，托尔布欣元帅的乌克兰第3方面军（夹杂着保加利亚陆军）分为两路越过南斯拉夫边界，一路取道罗马尼亚的巴纳特地区，另一路则从铁门的东南方渡过多瑙河。两路纵队都向莫拉瓦河谷快速推进，以切断希腊的35万德军的退路。10月4日，苏军与铁托的“南斯拉夫人民解放军”在莫拉瓦河谷会师；10月20日，“南斯拉夫人民解放军”第1军和第12军的部队，包括第2师、第5师、第17师以及新组建的塞尔维亚第13军和第14军，协同苏军的一个摩托化军开入贝尔格莱德。

在苏军和南斯拉夫游击队像推土机一样难以抵挡的攻势面前，德国人的傀儡奈迪奇将军眼看大难临头，于是寻求与米哈伊洛维奇达成某种协议，以求避免报复。他在1941年那段异常困难的时期曾经包庇过米哈伊洛维奇的部队，对方现在也投桃报李，答应吸收奈迪奇这支卖国部队的残余力量（其大部分成员已经开小差投奔了游击队）。但是，米哈伊洛维奇对形势做了一个错误的估计：把德军从巴尔干半岛赶出去的，不是在此最克罗地亚著名雕塑家奥古斯廷·奥古斯廷诺维奇正在为铁托雕塑头像，摄于1944年。

后关头还有可能向他表示一些同情的英美军队，而是苏军。米哈伊洛维奇手下的指挥官们确实曾设法从撤退的德军手中接管塞尔维亚东部的若干地区，可是前进的苏联军队却把他们扫到一旁，并把他们逮捕起来送给铁托。米哈伊洛维奇本人很快就被迫放弃了腊夫纳-戈拉的司令部，带着名义上由他统率的杂牌军逃往波斯尼亚东北部。他的事业至此已毫无希望，他本人也无法逃生。饥饿、疾病和开小差使得残存的切特尼克部队所剩无几，米哈伊洛维奇本人也衰弱不堪，1945年3月终于在维谢格腊特附近的山区被捕，带回贝尔格莱德，经过一年多的审判后，在1946年7月17日被枪决。

米哈伊洛维奇的那位获胜的对手铁托，在贝尔格莱德解放后一两天就从伏伊伏丁那地区到了首都，搬进了市郊著名风景区德迪涅的罗马尼亚大街15号。这里在战前是一个工程师的别墅，周围环绕着很大、很漂亮的花园。不久之后，铁托又搬进了同在德迪涅区的王室行宫建筑群，住进了其中的“白宫”——这是一座漂亮的白色帕拉第奥式宫殿，带有英国贵族乡间宅邸的风格，里面摆满了乔治王朝时代的英国家具和19世纪的俄国古董。宫殿周围是一座占地12公顷、风景优美的英国式园林，环绕着小教堂、马厩、南斯拉夫游击队员与英国飞行员坐在一架“喷火”战斗机的机翼上。

车库、宫廷卫队驻地和王室大臣办公楼等建筑，再外面是面积达100公顷的封闭警卫区。铁托虽然出身五金工人，当过俄国的战俘，住过南斯拉夫的监狱，后来又混迹于山林，但维斯岛的生活令他的品味得到了飞速的提高，学会了享受陈年美酒、名牌雪茄和手工缝制的衣服，这是他向那些担任军事联络官的英国贵族军官们学来的。

1943年意大利的垮台对“克罗地亚独立国”来说利弊共存。它对于这个政体的威信是个打击，因为墨索里尼曾经是帕韦利奇的早期靠山，而法西斯运动也是乌斯塔沙运动的楷模。可是帕韦利奇的助手，比如那个以亲德出名的克瓦特尼克元帅，却从来就寄希望于德国。意大利垮台后，德国就成为这个傀儡国家的唯一保护者了。凡是德国人从游击队手中夺回的地区都移交给了乌斯塔沙政权，包括割让给意大利的那部分达尔马提亚地区。

从意大利投降到保加利亚投降这一年的时间里，帕韦利奇都在绝望地试图挽救他的政权（意大利投降后，“托米斯拉夫二世”被废黜，帕韦利奇自任国家元首）。他对国

1. 美国战略情报局的一名军官正在教授游击队的女队员使用“巴祖卡”反坦克火箭筒。

2. 游击队的一架Bf-109战斗机。这架飞机是从克罗地亚空军叛逃而来的。后面停放着两架美国赠送给游击队的C-47运输机。摄于1944年，维斯岛。

3. 停放在维斯岛机场上的南斯拉夫人民空军“喷火”式战斗机，1944年8月。这些飞机是英国赠送的，飞行员则来自前南斯拉夫王家空军。

务会议进行了改组，现存的乌斯塔沙组织的成员都被免职。警察和军队被交到几个名声不那么臭的人手里，希望这些人会表现得比较廉洁、正直，因为这个政权中贪污的丑闻实在太多，以致帕韦利奇在1943年的春天被迫处决了两个贪污最多的高级官员。克罗地亚的年轻一代越来越被铁托和他的运动所吸引，比哈奇会议提出的民族平等纲领增加了其吸引力，不断有年轻的克罗地亚人投奔山林，加入共产党的游击队。

随着罗马尼亚和保加利亚的转向，整个巴尔干半岛都期望着盟军随时到来，大多数克罗地亚军队还准备欢迎他们。事实上，在这个傀儡国家也出现了这样的意见，即趁着时间还来得及，应当学意大利的榜样及早倒戈，同盟国很可能会维护一个独立的克罗地亚国的存在，而不愿看到它成为共产党人控制的南斯拉夫的一部分。1944年夏天，为了实现这一想法而进行的阴谋活动被乌斯塔沙的秘密警察发觉，包括克罗地亚农民党的好几位头面人物和军队的一批高级将领在内，有60多名“亲英分子”被逮捕，主谋者——克罗地亚“外交部长”姆拉登·洛尔科维奇被处决。然而几个月后，就有一个乌斯塔沙的正式代表被派

游击队医生正在为一名美国飞行员取出弹片。他的飞机是在从意大利起飞空袭罗马尼亚途中，被保加利亚空军飞机击伤后迫降在南斯拉夫的。

往意大利，本着几乎同样的方针试图与盟国谈判，但是他却未被盟国的任何代表接见。1944年9月初，克罗地亚最后的“国防部长”安特·沃基奇还在萨拉热窝会见了斯洛文尼亚义勇军的一批将领，计划在德军撤退时对其反戈一击。帕韦利奇听说了这个阴谋，但并未进行干预，而是听凭事态自行发展，以便看看这一切活动能否拯救“克罗地亚独立国”的命运。不过，在得知德军也风闻了这个阴谋后，为了免于被枪决的齐亚诺伯爵那样的命运，帕韦利奇逮捕了他最后残存的同僚中这位最重要的人物。

1944年秋天，冯·魏克斯元帅试图在斯科普里–莫拉瓦河–蒂莫克河–杰尔达普地区组成一条巴尔干防线，以便同那些从喀尔巴阡地区撤退到匈牙利潘诺尼亚平原的德军建立联系。但是这一企图失败了，乌克兰第3方面军快速地解放了塞尔维亚，使得从希腊、阿尔巴尼亚和黑山向北撤退的德军大部队处境变得更加困难。E集团军群司令勒尔上将作了极大的努力，在武器和有生力量遭受巨大损失的情况下，才使其主力沿亚得里亚海–莫斯塔尔–德里纳河–伊洛克–多瑙河一线建立了新防线。1944年11月初，南斯拉夫人民解放军第

1944年10月，贝尔格莱德发生起义。图为被起义者俘虏的德国军人。

1军和第2军、以及乌克兰第2方面军的部分部队、伏伊伏丁那的3个游击队旅和巴奇卡地区的10个游击队支队发动协同进攻，解放了伏伊伏丁那全境。乌克兰第2方面军的第52集团军随即进入匈牙利领土，抵达巴拉顿湖地区，这里的战线直到1945年4月一直稳定未变。与此同时，乌克兰第3方面军和南人民解放军第51师在巴蒂纳强渡多瑙河，在桥头堡激战了18昼夜后突破德军防线，一直推进到奥西耶克，从而建立了一条从巴拉顿湖直到亚得里亚海的连绵不断的战线。苏军主力部队随后转入匈牙利战役，把解放南斯拉夫其余领土的大部分任务留给了南斯拉夫人民解放军及游击部队。

在意大利、匈牙利和南斯拉夫的战线经过了一段短时期的稳定之后，德国人在1945年3月发动了代号为“春醒”的大规模坦克战。这是第二次世界大战中德军的最后一次攻势。为了配合“春醒”战役，德军在奥西耶克附近强渡德拉瓦河，对驻守在巴拉尼桥头堡的南斯拉夫第3集团军的部队发动进攻。南军经过激烈的战斗，伤亡惨重，但是德军没能实现既定的战役目标，被迫退回德拉瓦河，固守原来的阵地。

勒尔上将在3月27日接替了宣布退休的冯·魏克斯元帅，负责指挥部署在斯雷姆、斯拉沃尼亚、波斯尼亚以及亚得里亚海沿海地区的德国东南战线的所有部队。他手头有6个军（第15山地军、第21、34和91军，以及从意大利的C集团军群划归他指挥的第69和97军），几个独立师和若干警察团，以及乌斯塔沙部队、切特尼克的黑山–黑塞哥维那集群（1万人）和迪纳拉师（约0.7万人），10个意大利营，以及鲁普尼克将军指挥的斯洛文

贝尔格莱德市内的苏联黑海舰队多瑙河区舰队水兵。

尼亚义勇军，总数约40万人。勒尔的任务是封锁南斯拉夫中部的所有通道，扼守住克罗地亚和斯洛文尼亚地区，从而使意大利北部威尼斯–伦巴底地区与匈牙利和奥地利保持尽量密切的联系。其中最重要的是守住的里雅斯特与卢布尔雅那之间那片被称为“卢布尔雅那大门”的平坦地区，因为意大利与奥地利本土之间的交通线穿过阿尔卑斯山最险峻的部分之一，既狭窄又难于通行。一旦“卢布尔雅那大门”关闭，意大利北部的德国军队事实上就相当于被切断了对外联系。而控制了这里，向北有两条通道可穿过相对容易通行的朱利亚阿尔卑斯山，直抵奥地利，往东北经马里博尔可进入匈牙利，往东则可抵达萨格勒布。

本着全面协调盟国军队最后行动的精神，铁托元帅、托尔布欣元帅和亚历山大元帅在1945年2月相聚于贝尔格莱德，并达成协议：南军在3月份利用乌纳河谷发动攻势，向阜姆（里耶卡）和伊斯特里亚半岛推进；南斯拉夫军队拖住来自的里雅斯特的德国第97军，从而便于盟军从意大利发动进攻，与此同时苏军从匈牙利发动进攻。

在德军的“春醒”攻势被粉碎后，战事迅速转入奥地利。1945年3月23日，苏军向维也纳发动了进攻。4月9日，长久没有变动的意大利筑垒防线也被英军攻破。在东方，苏军强渡奥得河，4月16日，柏林战役开始。

在南斯拉夫，铁托及其最高统帅部在贝尔格莱德会议之后拟订了最后阶段的军事进攻计划：佩塔尔·德拉普辛将军指挥的第4集团军经里耶卡和的里雅斯特向北，科斯塔·纳吉

将军指挥的第3集团军经奥西耶克和马里博尔向西北，分头向奥地利的卡林西亚地区（南斯拉夫称之为科鲁什卡）发动进攻；佩科·达普切维奇的第1集团军和科查·波波维奇的第2集团军沿萨瓦河方向压迫敌人，沿贝尔格莱德–萨格勒布–卢布尔雅那一线推进。与此同时，斯拉沃尼亚地区和萨格勒布近郊的游击队第6军和第10军、利卡地区的第4军和第11军、斯洛文尼亚的第7军和第9军发动敌后游击战，破坏德军交通线，支援主力部队进攻。

3月20日至28日，位于战线最左翼的南斯拉夫第四集团军率先发动了进攻，击退了德军第15军的抵抗，在4月中旬抵达里耶卡，德军第97军急忙从的里雅斯特调来，以阻挡南军的进攻。3月29日至4月7日，南第2集团军解放了萨拉热窝，把德国第21军逼到波斯尼亚河谷，迫使它退向萨格勒布。4月11日至12日，右翼的第3集团军在奥西耶克强渡德拉瓦河，向西发动进攻。4月12日，南第1集团军突破了斯雷姆地区的德军防线，迅速解放了斯拉沃尼亚东部的铁路枢纽武科瓦尔和文科夫奇。

1. 贝尔格莱德市郊风景区德迪涅的“白宫”，位于占地100公顷的皇家宫苑中，是一座漂亮的白色帕拉第奥式宫殿，带有英国贵族乡间巨邸的风格，里面摆满了乔治王朝时代的英国家具和19世纪的俄国古董。宫殿周围是一座占地12公顷、风景优美的英国式园林。

2. 1945年春天切特尼克部队向斯洛文尼亚撤退途中，一名身穿德国党卫军制服的切特尼克少年。

3. 身穿乌斯塔沙首领制服的帕韦利奇。

4. 亚历山大·勒尔（1885~1947），奥地利人，1934年成为奥地利空军司令，德奥合并后任第4航空队司令，1943年1月至8月任武装部队东南欧总司令，同时担任E集团军群司令。战后，因轰炸贝尔格莱德等战争罪责被南斯拉夫军事法庭判处死刑。

勒尔上将为了争取更多的撤退时间，在4月底沿德拉瓦河—乌纳河—里耶卡一线组织新的防线，拖住南军的攻势，赢得了5天时间。然而，此时德军在柏林战役中的形势迅速恶化，勒尔的最后努力反而成了他给自己挖掘的坟墓：由于德国在5月8日投降，整个E集团军群以及南斯拉夫的几乎所有伪军都失去了撤入奥地利或意大利北部从而向美英军队投降的机会，全都在奥地利边境附近当了南斯拉夫人民解放军的俘虏。

在萨格勒布，乌斯塔沙分子和他们过去的敌人切特尼克分子进行了一场奇妙的谈判，后者正在争分夺秒地试图赶在被苏军和游击队抓到之前逃离南斯拉夫。他们认为获得生存的最后希望是穿过克罗地亚领土，前往意大利北部的威尼斯朱利亚地区与德国人一起作最后顽抗，然后向西方盟军请求收容。帕韦利奇寄希望于米哈伊洛维奇，希望他能在这种危急的情况下给予援助。帕韦利奇推断，米哈伊洛维奇通过自己在伦敦流亡政府中的关系，能

帮助他跟西方某些有影响的政治家接上头，使他们对“克罗地亚独立国”的命运发生兴趣。为了表示善意，帕韦利奇给米哈伊洛维奇送去了1000人份的伤寒疫苗，因为当时切特尼克部队里正伤寒猖獗。

在轴心国灭亡之前的一片混乱中，帕韦利奇还用专机把内阁大臣维科斯拉夫·弗兰契奇送到了卡塞塔的盟军司令部，另外还带去一份备忘录，其语言之混乱和逻辑之奇特颇为耐人寻味。

可以想见，弗兰契奇的使命失败了，因为盟国无法把克罗地亚参加国际邮政联盟、伪满洲国承认克罗地亚、土耳其驻英大使出生于波斯尼亚、达尔马提亚人是有经验的海员以及黑山总主教在萨格勒布等情况看做是拯救乌斯塔沙政权的重要理由。弗兰契奇同机带去了5名被击落的美国飞行员，起飞前帕韦利奇还在自己的别墅里请他们吃了一顿豪

1. 1945年2月，南军参谋长约万诺维奇在贝尔格莱德机场迎接亚历山大元帅。3年后苏南分裂时，约万诺维奇试图逃往苏联，在罗马尼亚边境被南边防军巡逻兵击毙。

2. 在1945年春季战役中被南人民军击毙的德国士兵。

3. 被撤退德军抛弃的军车，1945年春，克罗地亚北部。

华的晚餐，但是这也无济于事。弗兰契奇被盟军逮捕，随后引渡给铁托。

在试图挽救“克罗地亚独立国”的最后活动中，克罗地亚形形色色的政治势力都动员起来，试图挽救这个傀儡国家的命运。

形形色色的难民此时都集结在萨格勒布周围，包括来自克罗地亚各地的乌斯塔沙部队和“克罗地亚国民军”成员，来自黑山和黑塞哥维那的切特尼克部队，以及白俄和弗拉索夫部队，还有这些人的家属。这种悲惨的景象一直持续到5月4日驻扎在“克罗地亚独立国”的最后一批德军撤走为止。5月5日清晨，帕韦利奇让克罗地亚政府总理尼古拉·曼迪奇发布了撤退命令，政府各部开始烧毁文件。在克罗地亚国家银行，乌斯塔沙“首领卫队”的成员模仿美国警匪片的经典镜头，把银行包围了起来。所有的进出口都由持枪的乌斯塔沙分子守卫，一辆卡车开进院子，上面架着机枪。那一天乌斯塔沙分子从克罗地亚

1. 向奥地利边境边打边撤的“欧根亲王”师士兵。

2. 1945年初，经波斯尼亚向奥地利撤退的德国驻希腊部队。

国家银行抢走了价值0.8亿美元（今日约合50亿美元）的黄金，其中有一部分是盖着南斯拉夫国家银行戳记的金锭，更多的则是拿破仑金币、奥匈帝国的金克朗、威尼斯的金杜卡特、土耳其的金里拉、金首饰、金盘子、金烛台、钻石手镯、珍珠项链——乌斯塔沙分子还从被消灭的、富有的犹太人和塞尔维亚人家里抢来了许多贵重物品。全部黄金被装入写着乌斯塔沙政权要员姓名的小口袋，马切克博士也分到了一千枚金币，因为帕韦利奇决定带着他一起逃亡。还有36箱黄金来不及分配，被埋了起来。

5月6日下午，帕韦利奇逃离萨格勒布，随身带着价值600万美元的黄金，身旁跟着德国驻克罗地亚军事总监汉斯·尤佩中将、德国公使西格弗里德·卡舍以及乌斯塔沙政权的高级官员。5月8日，这支流亡队伍途经马里博尔进入奥地利，那里局势不明朗，无法确切地知道美国人和英国人在哪里，俄国人又在哪里。在尤登堡和特雷本之间，帕韦利奇的逃亡队伍被两支发动进攻的苏军队伍夹在中间。为了避免当苏军的俘虏，帕韦利奇离开了一直保护他的队伍，带着儿子韦利米尔以及“乌斯塔沙女青年运

动”司令多洛雷斯·布拉察诺维奇逃进了森林。他们在阿尔卑斯山森林里躲藏了两个星期后，进入美占区，在欣特齐的一座狩猎庄园里安顿下来。这是他以前买下的，早在1944年秋天，他就把夫人玛拉、两个女儿以及50卡车掠夺来的财物安顿在那里。帕韦利奇一家在奥地利住了一段时间后，又前往意大利的一座修道院，躲藏了几个月，然后从布林迪西港登船前往阿根廷（阿根廷的反美独裁者庇隆为克罗地亚的法西斯分子签发了34000份签证）。

1957年4月10日，“克罗地亚独立国”成立16周年前夕，这位“波格拉符尼克”在布宜诺斯艾利斯的街头挨了一枪，子弹射入脊椎，并留在了那里。凶手被认为是南斯拉夫情报人员，也有人猜测是流亡的切特尼克分子。经过抢救，帕韦利奇保住了性命，但获悉庇隆正打算把他引渡给南斯拉夫，为了保命，他再度逃亡，投靠到巴拉圭的独裁者斯特罗斯纳麾下。1959年，帕韦利奇的法西斯同行佛朗哥将军给了他避难权。这位亡命徒前往马德里的德国医院进行治疗。不久之后，留在脊椎里的那颗子弹已撤至克罗地亚北部的“欧根亲王”师，1945年2月。

终于要了他的命。

被流放到斯洛伐克的克瓦特尼克元帅也在向西逃避苏军。他在奥地利的萨尔茨堡被美军逮捕，随后引渡给南斯拉夫，1947年6月在萨格勒布被处决。他的儿子欧根逃到了阿根廷，成为克罗地亚乌斯塔沙移民社团的领袖，1957年和两个女儿一起在车祸中丧生。

帕韦利奇逃离萨格勒布之前下令强行把马切克博士一同带走，为的是有这样的政治家和他在一起，可能会给他提供保护。但是不久他又改变了主意，下令把马切克送到西方，这样他就可以向盟国表明，即使是马切克博士这样的著名政治家也在逃离游击队，以躲避“布尔什维克危险”。在乌斯塔沙卫队的护送下，马切克博士被从家里带出来，辗转送到了法国。铁托宣布在南斯拉夫实行一党制后，马切克在美国重建了流亡国外的克罗地亚农民党。1996年，他的遗体被迁回独立的克罗地亚，安葬在萨格勒布。

萨格勒布电台在5月7日晚上公布了帕韦利奇和克罗地亚独立国的要员逃亡的消息，

南斯拉夫人民军第1坦克旅解放了莫斯塔尔。

于是普通的乌斯塔沙成员也开始大逃亡。他们临走前迁怒于人，对萨格勒布近郊不肯随他们一同撤退的克罗地亚农民进行了最后一次大屠杀。在乌斯塔沙部队的身后跟着一大批平民，有许多妇女和儿童，他们都是乌斯塔沙成员的家眷，很早以前就从游击队控制的利卡、黑塞哥维那和德拉瓦河流域等地来到萨格勒布避难。

在向奥地利边境逃难的路上，乌斯塔沙分子们喝得醉醺醺的，常常破口大骂，像发疯似的开枪，子弹像雨点一样落在附近房子的窗户上。在他们的身后，远远跟随着黑山的切特尼克队伍、弗拉索夫“俄罗斯解放军”的两个哥萨克旅以及斯洛文尼亚义勇军的成员。这些人小心翼翼地同乌斯塔沙分子保持距离，有几个人想离开队伍，但马上就被乌斯塔沙分子打死了。而黑山切特尼克的领袖——被米哈伊洛维奇委任为切特尼克副总司令的保罗·久里希奇中校，因为他主张同塞尔维亚合并，所以引起黑山分离主义领袖塞库拉·德尔列维奇的怨恨，早在这支切特尼克流亡部队逃往波斯尼亚时，就被后者勾

1. 向奥地利撤退的德军队伍。

2. 萨拉热窝的斯洛伐克族少女身穿盛装，迎接解放，1945年5月1日。

结当地的乌斯塔沙分子杀害了。一同被杀死的还有1500名切特尼克军官，他们的尸体都被扔进了萨瓦河。德尔列维奇后来成功逃到了奥地利的克拉根福，躲进一家医院，但是切特尼克的复仇之手很快抓住了他，在医院里将其连同其妻子一并打死。

塞尔维亚法西斯运动的头子迪米特里耶·廖蒂奇，在这场大溃散中随着塞尔维亚的切特尼克部队一道逃亡。廖蒂奇的司机兹瓦蒂诺维奇的视力非常差，4月22日的晚上，他把车开下了斯洛文尼亚山区的一座断桥，和廖蒂奇两人双双丧命。塞尔维亚官方“切特尼克”的头领科斯塔·佩察维纳，在前一年就被米哈伊洛维奇的另一支切特尼克打死；而那个塞尔维亚傀儡政权的领袖米兰·奈迪奇在贝尔格莱德失守后就逃到了奥地利，处于德国人的庇护之下。1946年元旦，奥地利英国占领区当局把他引渡给南斯拉夫。2月5日，在一次夜间审讯中，这位可悲的人物跳出审讯室的窗户自杀了。米兰·奈迪奇被视为时代的牺牲品和悲剧人物，一直有人致力于恢复他的名誉。南斯拉夫分裂后，他的画像和其他历届塞尔维亚总理的画像一同挂在贝尔格莱德的塞尔维亚政府大厦中，直到2008年贝尔格莱德发生新纳粹示威游行之后，才被塞尔维亚公安部长达契奇下令移除。

推迟七天结束的战争

1945年5月2日，柏林被苏军攻克。从这时起，战事开始以令人头晕目眩的速度发展。由于德军整个处境十分困难，因此在许多战线上已经不再大规模抵抗，而是成批、

成建制地向盟军投降。5月2日当天，意大利北部的C集团军群向盟军投降；5月5日上午8时，德国北部、丹麦和荷兰的德军投降；5月6日，G集团军群在巴伐利亚和奥地利开始投降。与此同时，勒尔将军继续在南斯拉夫激战，试图把自己的部队和克罗地亚、塞尔维亚、斯洛文尼亚人的部队按计划撤回奥地利，交给美国人或英国人。第69军为此在5月初从萨格勒布开往卡林西亚，以便沿奥地利-南斯拉夫边界组成一条防线；第34军从卢布尔雅那开往威尼斯朱利亚地区，沿途搜罗从意大利撤退出来的部队，沿奥地利-意大利边界组成另一条防线。勒尔的主力部队在这两条防线构成的走廊上边打边撤。

5月3日，当新西兰第2军进入的里雅斯特接受德国第97军投降的时候，他们发现南斯拉夫第4集团军和斯洛文尼亚第9军正在这座城市和德军进行着激烈的战斗。与此同时，第4集团军的另一批部队在里耶卡以北包围了第97军的主力部队。经过激烈的战斗，第97军的1.6万人在5月7日向南斯拉夫军队投降。与此同时，第4集团军的摩托化部队突破弗尔希奇隘口，攻入奥地利的卡林西亚地区，以便同南斯拉夫第3集团军和斯洛文尼亚第4战区部队会合，从而切断德国E集团军群和南斯拉夫伪军向奥地利境内撤退的道路。5月8

日，斯洛文尼亚游击队编组了一列火车，在英军坦克入城3小时后抵达了奥属卡林西亚地区的首府克拉根福。5月10日，南第4集团军的摩托化部队也开抵该城。

希特勒自杀后，凯赛林元帅接管了对西线和南线所有德国军队的控制权。他于5月6日飞抵格拉茨，并把勒尔和南方集团军群司令德·安格利斯召来开会，决定E集团军群应停止与追击的南斯拉夫军队作战，加快撤退速度，争取向盟国军队投降，拯救尽可能多的人。勒尔随后返回自己在斯洛文尼亚东部（下施蒂里亚地区）的司令部，命令在意大利北部的第34军向英军投降，奥地利境内的南方集团军群向苏军投降，他自己则组织E集团军群的其余部队向南斯拉夫人投降。5月7日凌晨，约德尔上将在法国兰斯的盟国远征军最高司令部签署停战协定，规定所有的德国武装部队在5月8日向盟军无条件投降。

南斯拉夫第1集团军和第1集团军的部分部队于5月8日解放了萨格勒布。斯洛文尼亚第7军于5月9日解放了卢布尔雅那；5月9日下午1时，勒尔上将在斯洛文尼亚的莱图什村

1. 奥地利境内卡林西亚地区的斯洛文尼亚族游击队少年。

2. 南军第1坦克旅抵达的里雅斯特近郊，1945年5月2日。

与南军进行了关于投降事宜的谈判。直至此时，他仍想挽救其部队，向盟军投降。最初，勒尔对南斯拉夫的谈判代表提出，在德国投降书上签字的是英国、美国和俄国人，南斯拉夫的武装力量既没有参加，也没有被提到。接着勒尔又说，他们有30万人的部队，其中20万在下施蒂里亚地区，而军粮只够维持三四天。趁他的部队尚能保持纪律的时候让其迅速通过南斯拉夫领土撤退是极其必要的，否则的话很可能发生针对平民的暴力和抢劫活动，混杂在德军中的弗拉索夫军队、乌斯塔沙和切特尼克部队尤其如此。

勒尔麾下的这些部队经过了激烈的战斗和远距离行军，走了上千公里的路程，此时离奥地利边境和英美停战线只有50多公里了，其先头部队离“祖国的大门口”甚至只差10多公里。不过，路程并不能全面反映德军的处境，因为从下施蒂里亚通往奥地利的交通线此时已严重堵塞，无法让几十万士兵和难民及时通过。坦克、卡车、火炮以及数不清的农村大车，已经把所有的道路完全堵死了。此外，斯洛文尼亚的游击队还炸毁了许多桥梁，从而大大延缓了德军的行程。在他们身后，南斯拉夫的3个集团军越逼越近，第3和第4集团军大有封锁出口、包围德军之势。

在得到南斯拉夫方面保证按国际法对待战俘、不把德国战俘交给苏军、而是分批释放回国的保证后，勒尔上将于5月9日晚上7点在托波尔希察村签署了无条件投降书，命令E集团军群下属的各级部队全部交出武器。根据协议，德军可以保留野战厨房、运输食品的辎重车和摩托车。至于乌斯塔沙、切特尼克、斯洛文尼亚义勇军以及弗拉索夫部队的那些哥萨克，勒尔把他们的命运交给了南斯拉夫人去处置。

被德军遗弃在路旁的各种物资。

根据勒尔的命令投降的，包括E集团军群司令部及东南欧司令部的全体成员，德军第97军、21军和91军的司令部成员及下属部队。投降的德国作战部队包括步兵第22师、第41师、第181师、第237师、第104作战师、第188山地师、第269师、第373师、第392师、第438师、空军第11师、武装党卫军第7“欧根亲王”师、骑兵第1师和第2师的一部分。南斯拉夫方面从德军那里缴获了17.3万支步枪、24454支自动步枪、15020门火炮、97辆坦克、3751辆汽车、40架飞机以及其他大量作战物资。

勒尔将军在签署投降书后设法逃脱了南斯拉夫人的监管，带着自己的司令部成员向英军投降。不过英国人认为，他已经向南斯拉夫军队投降了，因此在从南军接收人员那里拿到一张收条后，就把他还给了南斯拉夫方面。勒尔被解除随身武器，关入马里博尔战俘营。从1946年到1947年，南斯拉夫军事法庭对E集团军群的高级将领进行了审判，认为勒尔上将对1941年空袭贝尔格莱德以及第四次和第五次反游击队攻势中轰炸平民目标负有直接责任，因此，判处他死刑。勒尔对此表现得十分镇静，在做最后陈述时向法庭表示，他在选择军人这个职业时就知道自己不会自然地死去，因此他将把这个判决看做是在执行军事任务时阵亡。1947年2月26日，勒尔上将在贝尔格莱德被行刑队枪决。

在放下武器的那些德国战俘中，有9万多人是战前居住在巴尔干国家的德国人，或称“多瑙士瓦本人”，其中有1万多南斯拉夫日耳曼人在党卫军“欧根亲王”师中服役。这些人因参加武装党卫军而获得了德国公民权，但被南斯拉夫军事法庭不无道理地

已经抵达奥地利国境附近的大批德军部队，1945年5月6日。

认为是战犯，其中被指控负有杀害游击队员和平民罪行的1700人被处决，其余的人在博尔的锌矿和铜矿中工作，有一半人因“自然消耗”的原因而死亡。在战后南斯拉夫“非正常死亡”的12万德国战俘和日耳曼族平民中，来自南斯拉夫和罗马尼亚等国的“多瑙士瓦本人”竟高达7万，其中0.7万多人死于从奥地利边境前往南斯拉夫内地的“赎罪行军”途中，1.2万多人被南斯拉夫军事法庭判处死刑，或被渴望报复的游击队成员丢进斯洛文尼亚喀斯特地区那些著名的溶洞中处死，剩下的5万多人被累死在南斯拉夫战后的重建工作中。

德军向南斯拉夫方面投降之后，南第3集团军的先头部队于5月10日攻入马里博尔，只比仓皇逃命的帕韦利奇一行晚了几个小时。这支摩托化部队随即越过朱利亚阿尔卑斯山，向奥地利境内的格拉茨开进。

在南军大部队抵达前夕，乌斯塔沙、切特尼克和其他逃命的部队都同控制斯洛文尼亚边境小镇德拉沃格勒的保加利亚军队进行了谈判。当地的保加利亚第三军（他们属于乌克兰第3方面军，是在4月底通过匈牙利巴拉顿湖西边的领土进入南斯拉夫西北地区的），一天竟然要接待好几支谈判队伍。乌斯塔沙急于逃命，答应向保军放下武器，条件是放他们进入奥地利境内。与乌斯塔沙一起逃命的一个哥萨克骑兵师（他们在编制上属于德军），不愿意向南斯拉夫人投降，也不愿意向保加利亚人投降，原因是怕被引渡给苏联，打算强行突围，冲到英国人或者美国人那里去投降，或者前往大部队难以通行的森林中，在那里

南军第6波斯尼亚旅在朱利亚阿尔卑斯山中追击德军。

散伙。两天以后，这支哥萨克部队被粉碎了，并被苏军彻底消灭。但是在边境匈牙利一侧的德第2机械化集团军及时地摆脱了保加利亚人，撤到了奥地利的英占区。

5月12日夜间至13日凌晨，南斯拉夫第51师和伏伊伏丁那第16师的主力部队登上火车，沿着修复的铁路线及时赶到了德拉沃格勒地区，按照预先计划建立了包围圈，切断了各南斯拉夫伪军部队的退路。在奥属卡林西亚境内的菲拉赫，为了争夺德拉瓦河上一座桥梁，南军的两支游击队小分队同武装党卫军第14“加利西亚”师发生了激战，对方拼命想把这条通道保持在自己手里，以保证其他部队的通过。在损失了38个人后，南军部队被迫撤退。在菲拉赫东边20多公里的加利辛，包括德军、斯洛文尼亚义勇军、奈迪奇部队和弗拉索夫部队在内的3万人向占领该城的一个游击队旅发动了猛攻，双方各有伤亡，最后游击队不得不退出加利辛，让对方过境，然后再重新占领这座小镇。5月13日，从卢布尔雅那撤来的又一批德国部队向菲拉赫的南军发动冲锋，其兵力有2万人，包括斯洛文尼亚义勇军的一个师和武装党卫军军官学校的一个学员大队。他们动用了大约20辆坦克和5个炮兵连，向菲拉赫市内的德拉瓦河大桥发动冲锋，最终得以强行通过大桥，冲向克拉根福。

为了防止更多的德军和伪军突围进入奥地利，在南斯拉夫本土的斯洛文尼亚第14师和伏伊伏丁那第51师决定固守德拉沃格勒的两座桥梁，必要时将其炸毁。南第3集团军的东波斯尼亚第17师也赶往这一地区，一路上同乌斯塔沙部队展开了激烈的战斗。乌斯塔沙部队决死抵抗，最终竟发展为同第17师的全面决战，阵地多次易手，双方伤亡惨重，但共产党一方最终获胜，一万多名乌斯塔沙分子被俘。

5月13日夜间，乌斯塔沙和斯洛文尼亚义勇军调集最精锐的部队，向德拉沃格勒的南军阵地发动了新一轮的攻击，战斗的激烈程度超乎想象，南军的两个旅一度被压制到德拉瓦河左岸，一座铁路桥也失守。经过这次激战以及此前的几次战斗，乌斯塔沙的指挥部发现南军的主力部队集中在德拉沃格勒交通枢纽地区，他们必须从其他地方向波利亚纳和奥地利的布雷堡一带冲击，才有可能突破包围圈。当时南军在这个方向上部署了三个旅，但兵力过于分散，缺乏必要的纵深。这些乌斯塔沙、切特尼克和义勇军部队拼命想离开南斯拉夫，向克拉根福的英军投降，但是他们的士气低落，短短几天时间便有几千人投降，大批赶着大车的平民也削弱了他们的战斗力量。

5月14日上午，战斗力最强的乌斯塔沙部队（兵力约3万人）在波利亚纳的苏尔尼克农庄向南军51师第7、第8旅和第14师第1旅发动了进攻，经过激烈的战斗，把南军阵地一分为二，其先遣部队甚至进入奥地利境内大约三四公里，抵达了布雷堡。这场战斗十分激烈，310名乌斯塔沙分子战死，250人受伤，南军的伤亡人数大约有100人。不过，乌斯塔沙部队在取得局部突破后，却盲目起来，不知道接下去该怎么办：往前走是共产党部队和盟军，他们想向盟军投降，又不知道盟军的指挥部在哪里，只好分头派出谈判代表，四下寻找英军的踪影。他们在布雷堡郊外松林中一座豪华的狩猎宫殿里找到了英国第5军的司令部，试图向其司令查尔斯·凯特利中将投降。

第二天中午，南军第51师政委米兰·巴斯塔应凯特利的邀请前往其总部，与英国人一同决定投降部队的命运。在会谈中，巴斯塔要求乌斯塔沙部队在下午4点以前投降，并保证将让难民回到家园，给予乌斯塔沙成员战俘待遇，否则“南斯拉夫解放力量的几十万军队”就要发动最后的进攻，把他们作为“卖国贼”消灭。乌斯塔沙的谈判代表激动地对凯特利中将说，如果他听任“30万”克罗地亚人落入敌人手里，那么历史将不会宽恕他。听到这里，巴斯塔起身离开会场。与此同时，乌斯塔沙的代表还在谈“历史的责任”。凯特利中将突然也站了起来，严厉而明确地对巴斯塔说：“指挥官先生，我的坦克听凭您的调遣。”在这之后，乌斯塔沙的谈判代表再不做声，离开了会场。这时是下午3点。

1. 斯洛文尼亚北部被逃难大车挤得水泄不通的道路。

2. 南军军官在和德国战俘交谈，后面有些人露出了担忧的表情。

一个小时后，克罗地亚独立国地面部队司令和军法总监斯拉夫科·什坦采尔上将——在第一次世界大战中，他是奥匈帝国克罗地亚义勇军第25团的一名营长，铁托就在那个营里担任一名上士——来到南军第51师的司令部，在那里正式向南斯拉夫人民解放军投降。这时是1945年5月15日下午4时30分，德国投降7天之后，最后一支成建制的轴心国武装力量终于投降了。什坦采尔后来被南斯拉夫军事法庭判处死刑。他曾经请求宽恕，但是被以前的下属铁托拒绝了。不过，在行刑的前一天，这个老头儿幸运地死在了自己的牢房里，法医的解剖结果是自然死亡。

5月16日，超过10万名俘虏，其中包括乌斯塔沙的几乎所有高级将领，以及不计其数的难民，在南斯拉夫部队的押送下离开奥地利边境地区。一进入斯洛文尼亚内地，押送他们的部队就按照第3集团军司令科斯塔·纳吉的命令，对其中的低级军官、士官、士兵和平民进行了大规模处决。

在野蛮而惨无人道的战争结束后，欧洲领土上出现了人口及种族的再分布。在这个过程中受害最深的，除了几乎被德国人完全消灭的犹太人之外，似乎莫过于德国人自己了。在长达一千年的时间里定居于东南欧的众多日耳曼移民社区，由于希特勒的卑劣手段和鼠目寸光，几乎被完全消灭了。希特勒首先利用在捷克斯洛伐克、南斯拉夫、匈牙利、罗马尼亚和波兰等国的日耳曼少数民族充当第五纵队，大搞破坏和侵略活动，随后又同墨索里尼和斯大林达成协议，把意苏两国境内的日耳曼人迁回德国。

1941年德国入侵前夕，有30万日耳曼族居民（祖先大多来自巴伐利亚南部的士瓦本地区）居住在伏伊伏丁那，波斯尼亚、克罗地亚和斯洛文尼亚境内则有将近20万日耳曼人。在战争末期，德国设法从这些地区撤离了22万日耳曼人，其余的日耳曼人决定留下来碰碰运气，等待奇迹的发生。在1944年秋天，乌克兰第3方面军扫过南斯拉夫西北部的时候，大约有3万名最强壮的伏伊伏丁那日耳曼人（其中九成是妇女，因为健康男子大多已经被征入了德军）被苏军逮捕，送到顿巴斯的煤矿去做苦工，将近5000人死在了那里。当年11月21日，“南斯拉夫人民解放反法西斯会议”从解放了的贝尔格莱德发布的第一批法令中，就包括没收所有日耳曼人财产的命令，一共没收了63.8万公顷土地，97490家工厂、商店、农场、商行以及日耳曼人拥有的房屋、存款、贵金属、外币、牲畜等，总价值约7亿美元（相当于今天的120亿美元）。在1945年2月6日南斯拉夫政府颁布的法令中，由于日耳曼族居民在战争中扮演的不光彩的第五纵队角色，他们被取消了南斯拉夫公民权。

至德国投降时为止，在南斯拉夫境内居住的日耳曼人还有大约20万。这些被剥夺公民权的人被投入强制劳动营，用于挖掘矿山、修筑道路、清理废墟，其中6.3万人在之后德国士兵纷纷走出掩体，举手投降。

的5年里因过度劳累、疾病或营养不良死于强制劳动营中。幸存的日耳曼人在60年代之后纷纷返回他们的“祖籍地”——西德。到铁托去世的那一年（1980年），在南斯拉夫的2052万人口中，日耳曼族只剩下了12758人。

无论如何，到1945年5月15日，南斯拉夫历史上这场史无前例的战争终于空前惨烈地结束了。根据1946年的统计，战前生活在南斯拉夫王国的1400万人口中，有170万人——无论属于哪一方的阵营——死于这场战争。这也是南斯拉夫在1947年的巴黎和会上提出的官方数字。不过，这个数字算上了死于疾病、饥饿以及因出生率减少而导致的自然损失。南斯拉夫政府在70年代初试图以170万这个数据向西德索取赔偿时，遭到德方拒绝。对方要求提供具体的名单，而南方只能提供大约60万人的名字，因此又进行了多次详细的官方调查，最后能够确定的“二战”死亡数字为102.7万至104万左右，其中包括50万左右的塞尔维亚人，以及约21万克罗地亚人。西德总理维利·勃兰特最后以这个数字为基础，在1974年与铁托达成协议，按照所谓“法国模式”，为每个死者向南斯拉夫赔偿2200马一些俘虏面对镜头微笑，似乎不知死亡将近。

克，总共赔偿了20多亿西德马克，此外还因“二战”中在集中营里用南斯拉夫公民进行人体试验而赔偿了800万马克，并向南斯拉夫提供了10亿马克的贷款。

根据南斯拉夫官方统计，第二次世界大战给该国造成的损失为469亿美元（1938年币值），其中德国造成的损失为358.58亿万美元，意大利98.5亿万美元，保加利亚6.5亿万美元，匈牙利5.42亿万美元。盟国赔偿委员会分给南斯拉夫的赔偿金额是3.58亿万美元，大多用从德国拆来的工厂支付；1947年巴黎和会上规定的前轴心国对南斯拉夫赔款金额为意大利1.25亿万美元，匈牙利0.5亿万美元，保加利亚0.25亿万美元，在6年内以货物偿清。此外，联合国善后救济总署在战后向南斯拉夫提供了4.16亿万美元的援助（大部分来自美国对该委员会的捐赠），其中1/4以上是食品，1/4是包括整套工厂在内的工业设备，此外还有衣物、鞋类、药品、种子、牲畜、化肥、农具、渔船、鱼网、拖拉机、卡车、铁路车辆等物资。

在战争末期，南斯拉夫军队进入意大利和奥地利境内作战，并决心在战争结束后取

得威尼斯朱利亚（南斯拉夫称之为普里莫列，意为“滨海地区”）之的里雅斯特港（南斯拉夫称之为特尔斯特）以及奥地利南部的斯洛文尼亚人聚居区。如果能把保加利亚的皮林马其顿和希腊的爱琴马其顿地区并入南斯拉夫自己那个扩大了的马其顿共和国，则无疑更好。

从15世纪起，无论是威尼斯共和国也好，还是后来的意大利王国也好，其东部边界都是起自伊松佐河的河口，朝大致正北的方向延伸。但是这条线的东边，从罗马帝国末期就一直居住着意大利居民。此后这一地区固然由于民族大迁徙而斯拉夫化，但斯拉夫人在当地的定居区——在的里雅斯特及其以北是斯洛文尼亚人，在伊斯特里亚半岛是克罗地亚人——只到城门为止，城镇仍保留着意大利特色，在民族大迁徙之后的一千多年里一直是这样。

威尼斯朱利亚地区的首府的里雅斯特是中欧通往地中海的最近入海口，这也是它自1382年并入哈布斯堡王朝版图后作为其最主要港口繁荣起来的原因。这是亚得里亚海最好的深水良港之一，甚至超过了威尼斯。在两次世界大战期间，意大利将的里雅斯特划为自由港，以吸引来自奥地利、捷克、匈牙利等中欧内陆国家的贸易。意大利的许多战

1. 2. 3. 4. 南斯拉夫军队在1945年5月10日攻入被撤退德军破坏的马里博尔，随后便开始了重建这座斯洛文尼亚最美丽城市的艰苦过程。

舰和远洋大客船都是在这里建造的。同时为了配合航海和造船的需要，还在当地建立了繁荣的炼油工业和钢铁工业。除了这座重要的工商业海港本身外，威尼斯朱利亚地区的阿尔萨煤矿提供了意大利1/3的煤炭，该地区的铝矾土矿产量则为意大利总产量的一半，此外，还有一座重要的汞矿。伊松佐河谷还是意大利最重要的水电来源之一。

1920年划定的那条意南国界主要是从战略意义上考虑的，从而使得意大利获得整个伊斯特里亚半岛以及奥匈帝国最重要的海军基地波拉，却把大约40万斯拉夫人划在了边境的意大利这一边。1943年意大利崩溃后，德国吞并了这一地区，但是南斯拉夫游击队在1944年逐渐赢得了对山区的部分控制权，并在意大利共产党的配合下，在的里雅斯特保持着一个秘密组织。

1945年2月，英军统帅亚历山大元帅曾经在贝尔格莱德同铁托达成口头协议，规定威尼斯朱利亚地区归盟军管辖。但当年4月下旬南斯拉夫军队迅速推进，越过了伊斯特里亚半岛，并在4月30日向的里雅斯特发起进攻。当地德军坚守了两天，在5月2日向新西兰部队投降。在其后7个星期的时间里，英军和南军共同占领着的里雅斯特，南斯拉夫方面还在市内建立了一个民政机构。但是在盟国的强大压力下，铁托最终下令他的部队从城中

撤离。当年6月，南军与英军达成协议，的里雅斯特城本身以及通往意大利内地的铁路线由驻意盟军司令部管辖，而这一争议地带的南部地区则归南斯拉夫控制。

在决定意大利边界的1946年盟国外长会议上，南斯拉夫提出他们为盟国事业所作的牺牲应当得到补偿，决心得到包括的里雅斯特在内的威尼斯朱利亚全境。的里雅斯特本身的25万居民中有20.2万人是意大利人，南斯拉夫也承认这一点。但是南斯拉夫以其他的理由为依据，比如说，的里雅斯特是嵌在南斯拉夫聚居区中的一块意大利人飞地，意大利有许多别的港口同它竞争，只有把它并入“天然的腹地”南斯拉夫，才能使它恢复繁荣，对该地区的任何分割都会给它的经济带来灾难性的后果。西方外长反对这一意见，其理由是这违反了外长会议划分边界线的主要原则，即尽可能地以种族分布界线为国界。四国外长也考虑了使的里雅斯特既不属于意大利、也不属于南斯拉夫的另一种办法，那就是建立一个国际共管地区。但是，西方盟国又忘不了两次世界大战之间另一个类似地区——但泽自由市所引起的种种不愉快后果。

在威尼斯朱利亚地区的东北角，居民是讲斯拉夫语的，但是从1420～1797年一直属

1. 南斯拉夫游击队成员押着投降的德军离开奥地利，向南境内行进。

2. 克罗地亚政府为克罗地亚国民卫队成员修建的纪念碑。十字架中间的图案是兹沃尼米尔十字，是“克罗地亚独立国”武装力量和空军的标志。

3. 南斯拉夫解体后，克罗地亚政府在奥地利布雷堡修建的纪念碑。

于威尼斯共和国管辖，从1866年起又一直隶属于意大利王国。1946年，四大国外长会议的代表对这一地区的居民进行了调查。他们的印象是，这些操斯洛文尼亚语的居民从政治感情上来说完全是意大利人，他们希望继续当意大利的公民。于是美英法苏四国代表把这一地区留给了意大利，同时在威尼斯朱利亚地区的地图上标出了四条边界，其中西方国家的三条线把的里雅斯特也留在了意大利境内。

最后折中采用了法国人提出的那条边界，其南部成为“的里雅斯特自由区”，其中的里雅斯特城市本身以及西边的一块狭长土地（A区）由盟国实行军事管制，1954年并入意大利；而争议地区的其余部分（B区）则归南斯拉夫军政府管制，1954年划归南斯拉夫所有。

的里雅斯特争议所造成的愤懑情绪使得铁托与英国人在战时合作中结下的友谊大受损害，但他怨恨的不只是英国人。他原指望能得到苏联的支持，但落

①

②

1. 被德军遗弃在的里雅斯特的军车。

2. 1945年5月3日开入的里雅斯特的南斯拉夫游击队。

3. 的里雅斯特城内的南斯拉夫游击队员和新西兰士兵。

了空。苏联最后决定在这场争端中支持意大利，而不支持南斯拉夫，其一是为了避免冒与西方发生大冲突的危险，但更大的原因则是为了取悦于当时苏联版图之外的欧洲最大的共产党——意共，使其在1946年至关重要的意大利大选中获胜。

铁托在战后还试图从奥地利那里获得卡林西亚（科鲁什卡）和施蒂里亚（什塔耶尔斯卡）两个州的南部地区，以便把居住在朱利亚阿尔卑斯山（卡拉万肯山脉）那一侧的斯洛文尼亚人也统一到“南斯拉夫大家庭”中来。1945年4月2日，他对盟国提出了占领克拉根福和菲拉赫周围那一片地区的要求，并通知说，南斯拉夫在对奥和会上将要求把这一地区并入斯洛文尼亚。铁托在没有得到西方盟国答复的情况下将部队径自开入了这片地区。5月8日英国第5军抵达克拉根福时，发现南斯拉夫游击队已经占领该地。有一段时期，以南斯拉夫司令名义和以英军司令名义张贴的布告互相冲突地张贴在这个地区，双方都告诫当地奥地利居民要服从自己的命令。有一段时期，盟国看起来很可能要动用武力，把铁托的部队赶出奥地利。最后英国向铁托递交了一份正式照会，警告他不能用这种方式来解决领土要求。与此同时，奥地利社会党领袖卡尔·伦纳博士向苏联占领当局请求帮助。伦纳是老一代奥地利社会主义者，写过《马克思主义与民族问题》，很受有学识的苏联占领军官的敬佩，苏联当局让他组织奥地利临时政府。其后不久，苏军司令部唐突地命令卡林西亚和施蒂里亚地区的南斯拉夫游击队撤至战前南斯拉夫的国境线内。铁托不能不遵守这个命令，但不打算立刻照办。5月17日，他要求把在奥地利的南斯拉夫部队置于英军统帅指挥之下，企图以此保持对克拉根福等地的占领。5月20日，美国通知斯大林，要求他协助同铁托进行谈判，并表示准备以武力对付铁托的领土要求。局势一连紧张了好几天，后来铁托终于在5月底同意把部队撤离奥地利。

1947年3月，在莫斯科举行四国外长理事会讨论对奥条约问题，南斯拉夫代表卡德尔再度对克拉根福-菲拉赫地区提出了领土要求。在这次会议上，苏联向奥地利提出了2.5亿万美元的赔款要求，遭到美英法三国反对，三国表示反对向奥地利征收任何赔款。斯大林提出，既然这样，位于奥地利东部的德国财产（价值约5千万美元）应当赔给苏联，而苏联将帮助西方抵御南斯拉夫对克拉根福的领土要求。就这样，铁托再一次被斯大林出卖了。的里雅斯特问题和克拉根福问题不仅使南斯拉夫同西方战时盟友的关系大为紧张，而且在越来越紧张的苏南关系中也成为一个严重的刺激因素。

尾声：回到塞尔维亚
南斯拉夫在“二战”后的演化

苏南分裂

第二次世界大战深刻地改变了旧南斯拉夫的面貌。特别是在人民解放战争基础上形成的、以铁托为领导的共产主义政权，是20世纪上半叶仅有的三个依靠武装革命取得政权、建立人民民主专政并成功地维持下来的先例之一（另外两个是苏俄和中国）。并且，南斯拉夫的革命是由出身于知识分子、工人和学生阶层的职业革命家领导的，依靠的基本力量则是贫苦农民，爱国主义在革命过程中起到的凝聚力丝毫不亚于马克思主义的意识形态。这一特殊性注定了新南斯拉夫在对外关系上的表现将显著地不同于巴尔干半岛和东欧阵营中的红色兄弟们。

1945年11月11日，南斯拉夫举行了战后第一次大选，投票率达到合法选民人数的88.6%。在联邦院的选举中，有90.48%的选票支持南共领导的“人民阵线”；在民族院的选举中，有88.68%的选票支持“人民阵线”，国王仅仅在塞尔维亚获得了较多的支持。当月29日，新国会在斯库普什丁纳大厦开幕。它正式宣布废除君主政体，在民主制和联邦制的基础上建立一个新国家——南斯拉夫联邦人民共和国，并且于1946年1月31日通过了以1936年苏联宪法为蓝本的新宪法。新南斯拉夫诞生了。

1946年的宪法规定，南斯拉夫全国划分为塞尔维亚、克罗地亚、斯洛文尼亚、波斯尼亚–黑塞哥维那、黑山和马其顿6个共和国，各共和国政府隶属（而非平行）于中央政府。与塞尔维亚人在旧南斯拉夫王国的支配地位相比，新体制第一次承认了国内各主体民族的平等地位。在塞尔维亚共和国领土范围内的科索沃–梅托希亚自治区（后来改为科索沃自治省）和伏伊伏丁那自治省，也获得了高度自治权，以保障分别聚居于这两个地区的阿尔巴尼亚族和马扎尔族公民的权益。无论从历史发展还是从维护稳定的角度看，这些都是高瞻远瞩的善举，但在若干年后，却遭到大塞尔维亚极端主义分子的攻讦，成为其破坏国家统一、制造新的民族对立和分裂的借口。

从全国解放到1947年之间，南斯拉夫得到了联合国善后总署总值高达4.16亿美元的援助，政治、经济、军事实力都得到加强，从“二战”后的废墟中迅速地恢复了过来。这显著地加强了铁托成为巴尔干地区领袖的信心。1947年8月，新南斯拉夫与季米特洛夫领导下的保加利亚达成了一系列双边协议。季米特洛夫同意将原属保加利亚的争议地区

1. 铁托和季米特洛夫对保加利亚民众发表讲话，1947年，索非亚。

2. 1949年，铁托兴致勃勃地查看南斯拉夫自己生产的第一台拖拉机。

“皮林马其顿”并入南斯拉夫的马其顿共和国，并与贝尔格莱德进行密切的政治、文化和经济合作，而这些措施均未事先征求莫斯科的意见。斯大林对此极为恼火。他立即致信贝尔格莱德和索非亚，严厉斥责两国领导人。

然而，铁托和季米特洛夫并未就此放慢独立自主外交的步伐。1947年秋天，铁托出访东欧各国，开始为在巴尔干和多瑙河国家之间成立一个包含罗马尼亚、保加利亚、南斯拉夫、阿尔巴尼亚、捷克斯洛伐克、匈牙利和波兰在内的联邦或关税同盟做准备，并提到了南斯拉夫和保加利亚合并为一个国家的可能性，在国际上引起了很大震动。南斯拉夫还试探性地建议，在邻国阿尔巴尼亚的南部建立一个军事基地，以帮助阿尔巴尼亚抵御来自希腊王国的威胁（实际上则是为把阿尔巴尼亚变成南斯拉夫的第七个共和国做准备）。阿尔巴尼亚领导人霍查偷偷把这个消息告诉了莫斯科，斯大林大为震惊。他当即要求南、保两国政府代表到莫斯科“面谈”。1948年2月，南斯拉夫被迫在莫斯科签署了一项协定，保证贝尔格莱德方面在日后处理一切外交问题时与苏联协商。

莫斯科会谈之后，苏南两国的矛盾趋于公开化，斯大林下令撤走在南斯拉夫的全部苏联专家和军事顾问。而和苏联一样，南共的权力是从残酷的对外和对内战争中崛起的，南共在国内和国际上是有地位的。铁托在共产国家阵营中的地位与斯大林相

似，而与季米特洛夫或东欧其他领导人不同，他的天下是自己打下来的。后来的事态发展表明，这正是问题的症结所在：尽管南斯拉夫共产党人真诚地效忠于“全世界共产主义者的祖国——苏联”，但他们的行事方法却不见容于斯大林。正如两块磁铁的同极互相排斥一样，斯大林不能容忍，在别的什么地方存在着一个享有高度威望的小斯大林，或者在莫斯科之外还存在另一个桀骜不驯的国际共运指挥部，这当然激起了铁托的怨气。

从1948年3月起，莫斯科与贝尔格莱德之间不断拍发相互指责的电报，南共内部的苏联代理人也在中央全会上发难。铁托一不做二不休，在5月初下令国家保安处逮捕中央委员会中的两个苏联“鼹鼠”——财政部长斯雷滕·茹约维奇和计划委员会主席安德烈·赫布朗。他也拒绝派代表参加共产党和工人党情报局在乌克兰和罗马尼亚举行的会议。有鉴于此，共产党情报局决定开除南共中央和南斯拉夫，并呼吁“南共内部忠于马克思列宁主义、忠于南共国际主义传统、忠于社会主义阵线的‘健康力量’”站出来，“迫使现在的领导人公开地承认自己的错误”，或者“撤换他们，推选南共新的国际主义的领

1. 南斯拉夫共产党的主要领导人，拍摄于“二战”初期。自左起依次为团组织负责人伊沃·洛拉·里巴尔（后战死），左二为安全组织负责人兰科维奇，左三为德热拉斯，左四为铁托。铁托身后拿烟斗的是斯雷滕·茹约维奇，右起第三人为克罗地亚党的负责人安德列·赫布朗，右二为莫沙·皮雅杰，最右边是卡德尔。苏南分裂后，茹约维奇和赫布朗都被开除出党，然后被捕。茹约维奇在1950年被释放出狱，后来再度当选为南共盟的代表，1969年曾在南斯拉夫共产党成立50周年的仪式上露面，1976年去世。赫布朗被指控在“二战”期间同盖世太保和乌斯塔沙合作，于1949年在贝尔格莱德的格拉夫尼亚察监狱里自杀。

2. 1949年9月，南斯拉夫人民军举行防范苏联入侵的军事演习。

3. 演习总指挥佩特科·达普维奇向铁托报告。

导”，推翻铁托。

不过，这些“健康力量”在南斯拉夫国内只是引发了一场茶杯中的风暴——1948年8月11日晚，南斯拉夫人民军总参谋长阿尔索 · 约万诺维奇上将在布兰科 · 佩特里切维奇少将和弗拉多 · 达普切维奇上校的伴随下，试图越过南斯拉夫与罗马尼亚之间的边界逃往罗马尼亚，途中遭到人民军巡逻队的拦截，约万诺维奇被击毙，佩特里切维奇和达普切维奇被俘。从后来发现的一些证据看，约万诺维奇可能是作为被捕的赫布朗和茹约维奇的替身，前往布加勒斯特建立某种“南斯拉夫流亡政府”的。这个傀儡政府随后就会主动“邀请”社会主义大家庭的军队来“解放”南斯拉夫。不过随着约万诺维奇被击毙，阴谋也就无果而终。

约万诺维奇叛逃案是整个苏南冲突过程中，在南斯拉夫高层领导人中发生的不忠于铁托的唯一的严重事件。铁托随后就在党内进行了整肃。

苏南分裂是战后初期国际舞台上的重大事件。到1949年秋天，苏联已经在南保边境上陈兵1个师，在南匈边界上陈兵7个师，在罗马尼亚部署了约6000人的“志愿部队”，

准备对南斯拉夫进行武装干涉。在这种形势下，南斯拉夫开始往北方调集军队，并且开始从伏伊伏丁那平原向内地疏散工厂、食品仓库和档案，准备迎接苏联红军的入侵。只是因为铁托巧妙利用了借力打力的策略，开始谋求与西方实现缓和，美国和英国发出越来越多的声明，宣称要保护南斯拉夫的领土完整不受苏联侵犯，斯大林对南斯拉夫的武力干涉企图才没能付诸实施。

南斯拉夫与西方的缓和经历了一个曲折的过程。“二战”结束之初，由于铁托采取亲苏路线，并且将在南斯拉夫的外国财产和投资收归国有，战时的西方盟友们一时疏远了贝尔格莱德。直到苏南公开分裂之后，1951年11月，美国也与南斯拉夫签订了军事援助协定，并向贝尔格莱德派出了军事代表团。这使得南斯拉夫有能力抵挡来自东方的军事压力。到1952年底，美国和西欧国家已经向南斯拉夫提供了高达2.4亿美元的军事援助。

斯大林在1953年去世后，南苏关系开始解冻。赫鲁晓夫在1955年访问贝尔格莱德，承认苏联在1948年对待南斯拉夫的态度是错误的，并把它归咎于斯大林和贝利亚。在铁托的坚决要求下，共产党情报局于1956年4月17日解散。铁托还坚决要求撤换各苏联卫

1. 苏南分裂后，由于担心苏联的军事入侵，南斯拉夫转而向美国和北约组织寻求军事保护。图为1952年铁托在美国第六舰队“萨拉托加”号航母上访问的情景。

2. 1954年铁托访问英国时，与二战老战友丘吉尔和艾登合影。

3. 1953年11月，兰科维奇、铁托、德热拉斯和卡德尔（自左至右）参加亚伊采会议十周年纪念活动。

星国的斯大林主义领导人。尽管赫鲁晓夫作出了努力，但苏南关系毕竟已不可能恢复到1948年之前的水平了。到1956年匈牙利事件后，两国关系再次恶化，不过持续的时间不算很长。到1962年，除中国和阿尔巴尼亚外，南斯拉夫与共产主义阵营的其他国家基本恢复了关系，甚至不惜冒着与西德断交的风险，同东德建立了外交关系。

铁托时代的终结

苏南分裂使得南斯拉夫共产党人重新开始考虑国家的基本体制。在独立自主原则的指导下，他们逐步发展出了一种对内建设本国特色的社会主义、对外实行不结盟政策的独特道路，这就是著名的“铁托主义”。

苏南分裂后，共产党情报局成员国在1948年底和1949年初取消了南斯拉夫实现第一个五年计划所需的全部援助和贷款，终止了与南斯拉夫的全部贸易，南斯拉夫再也不能从苏联和东欧进口发展重工业必需的煤、焦炭、钢厂设备和发电设备了。为了向西方国家多出口矿石和木材，换取机器及燃料，南共的一些基层组织不得不强制动员居民进行大规模义务劳动。由于气象灾害和模仿苏联进行的农业集体化的失败，1950–1951年，全国发生了粮食危机。至此，南斯拉夫仿照苏联模式进行的经济冒进在工业和农业领域

1. 南斯拉夫人民军空军的F-86E“佩刀”战斗机。这是苏南冲突时期美国向南斯拉夫提供的军事援助之一，一共提供了121架，一直使用到20世纪70年代中期。为了学会操纵这种当时最先进的飞机，南空军派出飞行员前往西德的美国空军基地接受训练。此外美国还向南斯拉夫出售了150架P-47“雷电”、229架F-84“雷电喷气”，英国则向南斯拉夫出售了“蚊”式轻型轰炸机。作为对美军事合作的一部分，1953年，南斯拉夫曾将一架苏制雅克-23战斗机租借给美国进行测试。

2. 1957年波兰工人党书记哥穆尔卡访问贝尔格莱德的场面。

都告失败，国防开支却因为严重的安全威胁一再增加（1946～1947年平均每年约3.1亿美元美元，1949年已增加到5.28亿美元，之后几年的平均数字约6.65亿美元），为了避免国家崩溃，铁托决定争取西方援助，特别是进口重要物资和工业技术设备。

共产党情报局对南斯拉夫实行封锁后，美国开放了对南斯拉夫的工业设备出口；南斯拉夫同东欧国家的贸易条约和协定失效后，与英国、西德和其他西欧国家签订的贸易协定随即取而代之。1950年大旱之后，美英法三国为贝尔格莱德提供了一项援助计划，旨在协助南斯拉夫开发其经济资源并取得经济生存能力。到1958年为止，三国一共向南斯拉夫提供了25.17亿美元的援助，使南斯拉夫成为共产党国家中绝无仅有的利用西方援助进行工业建设的特例。

南斯拉夫政府还主动改革城市和农村中的生产关系。他们宣布“工厂归工人，土地归农民”，由每两年选举一次的工人委员会根据市场决定工厂的生产、内部管理和收入分配，在农村则解散集体农庄，采取一种类似后来中国改革开放时代的“包产”政策来调动农民积极性。这一变革所依据的政治和经济原则被写入了1953年颁布的新宪法。

1953年的宪法规定，南斯拉夫政府仍然建立在两院制的基础上，联邦院像过去一样通过选举产生，过去的民族院则改为“生产者院”，由地方上的生产者委员会通过选举产生。这样，工人和农业合作社社员在两院里都有了自己的代表。新宪法扩大了

1. 1953年铁托访问英国期间，向“二战”阵亡将士墓献花。

2. 1977年访问苏联的铁托。

3. 托在1960年赴美参加联合国大会时，与艾森豪威尔会面。

各共和国的权力，除外交部、内务部和国防部之外，贝尔格莱德的所有其他各部均予以撤销，在六个共和国建立了相应的部门以接替它们的职能。至于铁托本人，他既是共和国总统，也是政府首脑，依然大权独揽。

在这种“开明专制”之下，普通南斯拉夫人民的生活变得大为自由。每年都会有600多万来自美国和西欧的游客，前往南斯拉夫进行旅游，相应的，每年也会有超过200万人次的南斯拉夫公民，出境到意大利、西德这样的西方国家去旅行，南斯拉夫向西欧输出的农业工人每年亦高达80万人。由于市场的调节作用，南斯拉夫国内的消费品市场异常发达，人民生活水平有显著的改善。到1976年，全南斯拉夫36%的家庭拥有自己的小汽车，每1.8个家庭拥有一台电视机，每2.1个家庭拥有一台电冰箱。居民平均寿命从1939年的48岁提高到

1. 1980年5月6日，在卢布尔雅那火车站门外，铁托的棺材被抬下灵车，送上专列运往贝尔格莱德。

2. 1980年5月8日，南斯拉夫联邦主席团的八位成员为铁托守灵。

3. 返回贝尔格莱德途中，铁托的灵柩在萨格勒布接受公众悼念。

4. 南斯拉夫政府总理及主要部长为铁托守灵。

5. 南斯拉夫人民军将领为铁托守灵。灵柩基座上挂满了铁托的各种勋章。

6. 苏联领导人勃烈日涅夫和葛罗米柯向铁托的灵柩献花。

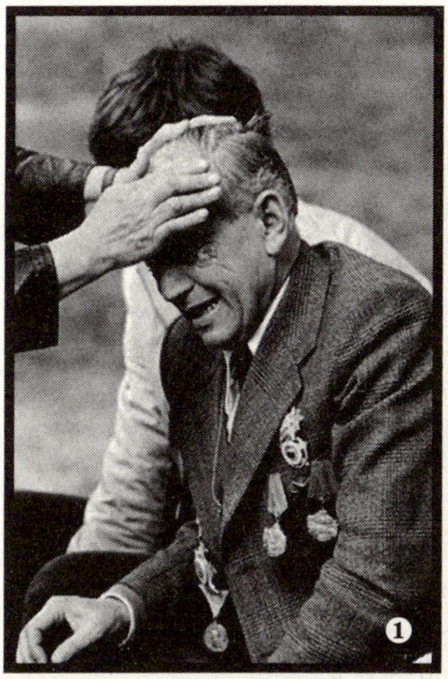

1. 一名游击队老战士在铁托的葬礼上痛哭流涕。

2. 英国首相撒切尔夫人向铁托灵柩献花。

3. 南斯拉夫各界群众前往国会大厦悼念铁托。

4. 铁托的大理石陵墓。

5. 参加铁托葬礼的各国政要来自不同大陆、不同政体，可以说是对铁托的国际声望的一次完美总结。

1. 铁托、约万卡、铁托的儿子米沙（13岁，最右边）和孙子约扎、孙女兹拉提卡，摄于1954年4月15日。

2. 1979年12月，铁托在卢布尔雅那会见美国电影导演威尔斯。这是他生前最后一次会见外宾。

3. “鲜花之家”，铁托陵墓所在地，位于贝尔格莱德的德迪涅区，如今已是一片荒凉。

1976年的67岁，婴儿死亡率在30年里下降了3倍，所有7岁到15岁的儿童都能接受八年制免费义务教育，文盲数量从1939年的75%下降到1970年的17%，到1980年又进一步下降到9%。南斯拉夫这个不同于斯大林模式的社会主义国家，在第三世界赢得了显要的地位。

对外政策方面，早在1948年苏南分裂之初，铁托就开始探索一种既独立于苏联集团之外、又不完全投向西方资本主义集团的道路。这个道路后来逐渐演变成为著名的“不结盟运动”，目的是把某些弱小的国家组织起来，使它们对国际问题的观点能够通过联合起来的声音表达出来，从而在世界事务中具有较大的分量。在不结盟运动甫成立时的25个成员国（后来扩至115个）中，南斯拉夫是唯一的欧洲国家，也是唯一的共产党国

家。南斯拉夫在争取核裁军、结束越南战争、接纳中华人民共和国为联合国成员国等方面做出了富有成效的努力，铁托的国际威望因此大大提高。

在铁托时代，南斯拉夫人民过着比从前更富足、比东欧邻国更自由的生活，铁托本人也享受着优越的生活条件。不过从大多数南斯拉夫人的角度看，如果铁托能把这样一个面临外来威胁，内部又落后的国家引向繁荣和独立，那么，他行使的各种专制权力就是合理的。

铁托统治南斯拉夫长达32年，并非没有遭遇过动荡和波折。20世纪50年代中期，南斯拉夫政坛四巨头之一，国民议会主席米洛凡·德热拉斯（另外三人是铁托、主管意识形态的卡德尔及主管安全机构的兰科维奇），一度怀疑南斯拉夫共产主义的基本理念，主张建立一个更为自由民主的政权。他立即被指控进行颠覆活动，在1957年被判处三年徒刑，后又增加为七年。德热拉斯断断续续被羁押到1965年，1968年前往西欧，最终在美国定居。继他之后，秘密警察首脑兰科维奇也因为对铁托生出异心而遭解职。

然而伟人也是会衰老的。1980年新年刚过，八十八岁高龄的铁托在斯洛文尼亚首都卢布尔雅那暂住期间，忽然觉得腿部不适，于是被送进当时南斯拉夫医疗水平最高的卢布尔雅那医学中心就诊。医生发现，因为年龄增长和长期的糖尿病影响，铁托的主要血管、特别是腿部动脉血管出现了硬化症状。由于元帅拒绝截肢，医生们只进行了两次不成功的改善腿部循环的血管搭桥手术。当铁托左腿严重的动脉血栓已经导致肌肉坏死，不得不将左腿膝盖以上部位截肢时，时间已经太晚了。截肢手术之后，铁托出现了器官受损的状况：心跳逐渐减弱，导致大脑缺氧受损；肾功能减弱，毒素在体内堆积；肝功能不再起作用，导致出现黄疸；肺部和膀胱也患有炎症。这位元帅此后一直待在卢布尔雅那医疗中心，靠呼吸机和血液过滤仪维持生命，最终在5月4日下午3时咽下了最后一口气。

铁托的尸体完成解剖检验后，医生对其实施了防腐处理，随后装入一口金属棺材，外面套上橡木棺椁。灵柩被抬上“蓝色列车”运回贝尔格莱德，一路上挤满了围观的群众。葬礼是以铁托喜欢的一种隆重、夸张而讲排场的方式举行的：4位国王、31位总统、6位亲王、32位总理和47位部长齐集贝尔格莱德。他们来自冷战的两个对立阵营，以及庞大的不结盟国家队伍，代表着128个国家（联合国秘书长瓦尔德海姆也出席了葬礼）。在头一年的蒙巴顿勋爵葬礼和下一年的查尔斯王储婚礼之间，这是世界各国政要最大的一次集体聚会。

铁托的棺材下葬在贝尔格莱德近郊的德迪涅区，南斯拉夫政府在此为他修筑了一座名为“鲜花之家”的豪华陵寝。为纪念这位伟人，黑山共和国首都波德戈里察改名为铁托格勒，乌日策改名为铁托乌日策，萨格勒布的一个广场改名为铁托元帅广场，贝尔格莱德的一条主要街道被命名为铁托大街。

图书在版编目（CIP）数据

塞尔维亚的轮回：近世的南斯拉夫与战争 / 阎京生，刘怡著. —北京：中国华侨出版社，2011.4
ISBN 978-7-5113-1317-1

Ⅰ.①塞… Ⅱ.①阎… ②刘… Ⅲ.①塞尔维亚—概况 Ⅳ.①K954.3

中国版本图书馆CIP数据核字（2011）第049813号

● **塞尔维亚的轮回：近世的南斯拉夫与战争**

策　　划 / 千喜鹤文化　项竹薇
作　　者 / 阎京生　刘怡
责任编辑 / 文　锋
特约编辑 / 严晶晶
装帧设计 / 视觉共振
经　　销 / 新华书店
开　　本 / 710×1000毫米　1/16　印张/14.25　字数/258千字
印　　刷 / 北京慧美印刷有限公司
版　　次 / 2011年6月第1版　2011年6月第1次印刷
书　　号 / ISBN 978-7-5113-1317-1
定　　价 / 28.00元

中国华侨出版社　北京市朝阳区静安里26号通成达大厦3层　邮编：100028
法律顾问：陈鹰律师事务所
编 辑 部：（010）64443056　64443979
发 行 部：（010）64446051　传真：（010）64439708
网　　址：www.oveaschin.com
e-mail：oveaschin@sina.com